有一種崩潰叫，陪孩子寫作業

作者——王莉

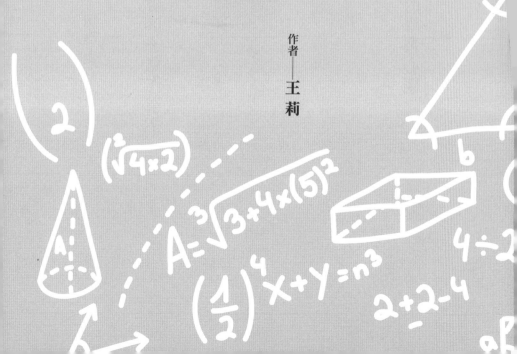

目次

第三章 堅持原則，養出自主學習的孩子

第四章　用對方法，點燃孩子學習的熱情

第五章　改變孩子未來的六大要素

第六章　正確的陪伴，能讓孩子受益一生

第七章　陪伴孩子成長教我的事

附　錄　國英數學霸怎麼教？給爸媽的教養指南

序

哪有什麼歲月靜好，只是你的孩子還沒上學吧

凌晨一點的動態牆，一位媽媽發出了這樣一條言辭懇切卻又讓人哭笑不得的訊息：「不要聘金，嫁妝備好，送車送房，包辦酒席，禮金全給孩子，唯一的要求是現在就接走，功課教一教，誰家的媳婦誰養！」

一瞬間，下面的留言區炸開了，各路家長紛紛要將自己的兒子、女兒提前送到親家去，說什麼都不想留著過年了。想想之前已經有多位媽媽不是心肌梗塞就是腦出血的新聞，家長們強烈呼籲要將「陪孩子寫作業」列入高危行業。

正所謂「不寫作業母慈子孝，一寫作業雞飛狗跳」。身為資深鄉民的爸媽，想像力絕對不輸熊孩子。最近一句成語「遠交近攻」爆紅，非常形象地描繪出了爸媽陪孩子寫作業時的心情：孩子做作業時，家長離得遠一點兒還能偶爾交流交流；如果離得

太近，肯定會攻擊他（她）！

只能說這一代家長真是好難啊！一位媽媽說老師要求用「ＡＢＣＣ」的格式組詞填空，聰明的熊孩子果然毫不意外地「正常發揮」，很認真地看著媽媽說：「小心媽媽、小心爸爸、小心姊姊……」請問你們對這個孩子到底做了什麼，讓他對家人如此防範？

一邊是高呼「人間失格，陪讀的爸媽傷不起」，另一邊卻是大家不斷讚嘆著熊孩子跨出地球的想像力：「早餐不能吃午餐和晚餐」、「比細菌還小的是細菌的兒子」、「奶奶家一隻狗養了我；奶奶家養了我一隻狗；我家養了一隻狗奶奶」……哈哈大笑完，我們認真地想一想，孩子說的也沒錯啊，難道細菌的兒子比細菌大嗎？難道午餐和晚餐可以早上吃嗎？

每位輔導孩子做作業的家長，都是在「人間歷劫」啊。不順心的時候只能看看書，才能調節好情緒。比如一位媽媽每天不得不陪上小學的孩子寫作業，為了消除負能量，她一時激憤就考了個小學教師證。這一消息無疑讓父母們再度沸騰了：孩子寫作業，媽媽坐在旁邊悠閒織毛衣的時代已經徹底一去不復返了，現代父母織的不是毛衣，而是知識、技能和素養，現在的父母已經正式邁入了「陪孩子寫作業之父母二・〇時代」。

陪讀的父母雖不是非要考證書，但是不學習是真的跟不上課程大綱的發展啊。一位媽媽說：「翻開女兒的英文課外書，天啊，一頁就有十幾個我不會的單詞！羞得我這個大學畢業生立刻把書扔了。」

還有一位媽媽說：「拜女兒學鋼琴所賜，童年家貧的我終於摸上了鋼琴，更有機會研究樂理、音符、五線譜。每天晚上孩子睡後，我就在昏暗的檯燈下瞇起昏花的『老眼』，認真研究著那一根根黑線和一個個帶尾巴、不帶尾巴的『小蝌蚪』……」

優秀的家長們，明明是你們陪著孩子「一路打怪」，怎麼變成自己不停升級，還一不小心就「文武雙全」了呢？

一位媽媽怕自己會得產後抑鬱症，索性考了個諮商心理師證照。一位四十歲的媽媽，跟著兒子學了五年爵士鼓，從開始的四肢配合極不協調，到現在一身鉚釘裝在公司年會上表演電子鼓曲，那霸道的氣勢讓臺下的年輕人都自愧不如。一位媽媽為了能跟上時代，考了高中教師證、諮商心理師證、二級人力資源管理師證，現在正準備去大學當老師，並計畫報考博士，和孩子一起進步。跟上時代，才能擁有詩和遠方！

孩子啊，看來唯有你們，才能讓我們這些父母人到中年仍然求知若渴、筆耕不輟！陪讀雖然很累，但我們這一代優秀的父母卻是越戰越勇。

「小時候，我在寫作業時，爸媽在電視機前看電視劇，那時我就想著要快點長大，變成大人就可以看電視了。可為什麼現在長大了，卻還要陪孩子坐在書桌前……」

所以，你到底為什麼陪讀呢？是為了孩子說：「媽媽，我不想學了」時，你為他（她）默默做出了好榜樣？是為全職媽媽找到二次就業的春天？還是為了讓你家孩子更聰明、活潑、有能力？

我想答案不言自明。

不管你是被「熊孩子」逼到崩潰，還是通過不停地拿證書來消解陪伴過程中的艱辛和壓力，面對懵懂的萌（熊）孩，你需要的是在探索中發掘他的特長，將他（她）身上的優點不斷地放大、再放大。

所以，你需要這本書，瞭解在陪伴孩子的過程中，你該讓他（她）擁有哪些特質；你該如何培養這些特質；如何消解陪讀過程中的負面情緒，緩解自己的壓力，以及如何真的做到不吼不叫，卻能培養出優秀的孩子。

通過閱讀，我們期待你能夠用聰明的方法培養健康、快樂、聰明的寶貝，讓他（她）一生都生活在愛中。

第一章

為什麼你只是看上去在陪孩子寫作業？

父母應不應該陪孩子寫作業？任何事情都有兩面性，陪有陪的優勢，不陪有不陪的好處，沒有絕對正確的答案，具體還要根據孩子的個體差異而定。當然對於剛剛入學的一年級學生或者自主能力、注意力、時間分配能力、自我管理能力等都比較弱的低年級同學來說，家長的陪伴可以及時發現孩子的問題，幫助孩子養成良好的作業習慣。對於高年級學生來說，要看孩子的特性而定，每個人的能力不同，有些孩子發展得好，也許家長就少操心，有些孩子能力形成得慢，就需要更長的陪伴時間。

陪孩子寫作業是「陪」什麼？

我聽過很多家長抱怨，特別是孩子上了幾年學後，家長的抱怨會更多。經常聽到家長說：「自己的作業，每天都記不清楚是什麼，不是忘了這個，就是忘了那個，讓人放不下心呀！」

自己的作業，為什麼總是忘記呢？從教室走到校門外就是這短短的幾分鐘，難道孩子就會記憶短路？這確實讓人不可理解。

看完下面這個故事，您就知道，到底孩子們是怎麼把自己的作業忘掉的。

今天，職場菁英何瑩要把自己剛剛六歲零三個月的兒子送進小學。一早看著兒子背著比自己肩膀還要寬的書包，一步一回頭地走進校園時，何瑩的心情就格外複雜，既有不捨，又有擔憂，有一種做為母親的驕傲，也有著對兒子未來的憧憬，更有著絕對的自信——她相信自己的兒子肯定是那個「別人家的孩子」。

兒子第一天放學，她決定要給孩子一個具有儀式感的迎接。她放下了自己手裡所有的工作，提前半個小時來到學校門口，當孩子在老師的帶領下，從校園裡出來的瞬間，何瑩的心都快跳出了喉嚨，她沒有想到自己會如此緊張，她在隊伍中尋找著那個最熟悉的身影——兒子龍龍。找到後，她的目光就再也離不開兒子了。孩子衣服整齊，書包如故，她心裡踏實了很多。當孩子們和老師道別之後，龍龍也開始在人群中尋找媽媽，當孩子看到她的一瞬間，突然停下了腳步，把書包從肩上放下來，轉身把小腦袋埋進書包裡，開始翻找。

何瑩趕緊快步走到兒子面前，一臉茫然地問：「龍龍，你在找什麼？」

「作業！」他一邊回答媽媽的話，一邊喃喃自語：「哪裡去了呢？」

「我們回家再找，好嗎？馬路邊上不安全。」媽媽關切地說。

「老師說，看到家長的第一眼就要告訴家長有作業，否則就不是好學生。」龍龍一臉認真地對媽媽說。

「老師的意思是說，回到家裡第一時間告訴媽媽有作業吧？」媽媽用成人的思維翻譯著老師的話。

「不對，老師說，看到家長的第一眼就要告訴家長有作業。我在隊伍裡就看到妳了，所以我現在就要告訴妳。」孩子依然用自己的思維解釋著老師的話。

這一刻，何瑩哭笑不得。

如果我們用成人的眼光看孩子的思維，我們只能用「可愛」來形容了。可是站在孩子的角度，他們卻是鄭重其事地按照老師的要求來做事，也就是他們在認真地「學習」。《三字經》的第一句是「人之初，性本善」，孩子就像一張沒有被汙染的宣紙，潔白而有韌性，他們的未來有無限的可能，重點是我們這些手拿畫筆的大人們，要在他們的身上勾畫出什麼樣的圖案？

很多時候不是孩子不願意去完成作業，而是父母過多地用成人的思維澆熄了他們對作業的熱情。父母總會習慣性地根據自己的社會經驗，來判斷孩子行事的對錯。很多時候，恰恰是這樣獨斷專行的方式，一點一點、一天一天地扼殺了孩子對於作業的「忠誠度」。

作業是什麼？教育部的定義是指導學生在學校或家中所做的各種課業。無庸置疑的，作業是老師安排給孩子的，孩子們是第一聆聽者，他們對作業的解釋應該是最準確的。可是我們父母往往容易忽略孩子們對作業的理解，而賦予作業新的涵義。

出現這種情況，不是龍龍的理解有誤，而是做為家長的何瑩讀不懂兒子的語言。我們知道尊重孩子是一件很重要的事情，我們尊重孩子的行為和喜好，但更要尊重他們自己對事物的理解，不要把自己的理解強加到他們身上。

其實面對龍龍，何瑩只需靜靜地等上幾秒鐘，讓他把作業拿出來交給自己，然後面帶微笑地告訴他：「你真是個好孩子！看到媽媽的第一眼，就把作業告訴了媽媽，媽媽為你驕傲。」這樣的回應有兩重作用：第一，肯定了龍龍準確地完成了老師安排的作業；第二，表現了龍龍在媽媽心中的重要性，因為龍龍出色地完成了老師規定的任務，做為家長就需要讚美和表揚他。對於孩子來說，語言表達是一項重要的技能，是對孩子記憶力、執行力的綜合檢測。眾所周知，好孩子都是誇出來的，而要養成好習慣，剛開始時的讚美和誇獎就更為重要。

想要成為一個更出色的家長，我們還要告訴孩子：「你能夠記住老師規定的作業，真是一個好孩子。」

為讚美而讚美的表揚是空洞的。讚美的目的是為孩子指出「美」在哪裡。孩子不知道作業是什麼東西、和自己有什麼關係很正常。但是他知道告訴家長作業內容就可以得到表揚，這就是一件好的事情。下一次，他還會主動告訴你作業是什麼，以此獲得再一次的讚美。

孩子之所以會把作業慢慢地遺忘掉，是因為孩子從最開始的時候，就從父母的嘴裡得到了「你錯了」的結論。對於一開始就是錯誤的事情，孩子為什麼還要千方百計地記住呢？作業既然是父母否定自己的一個手段，那麼還不如忘卻，這也符合心理需求。所以，面對孩子的每一次作業，我們不要輕易地提出否定意見，也許你今天的否定，就是今後孩子對作業厭惡的開始。

老師說的和媽媽說的怎麼總是不一樣？

有句話叫「三歲看大，七歲看老」，所以一個人成功與否，和他小時候是否接受良好的教育有著直接的關係。一個孩子最終能夠進入前三志願，成功的原因肯定很多，但是有一點是絕對的：這個孩子具有一定的學習天賦。

但是為什麼不是所有有天賦的孩子都可以進入理想的大學，或者在自己的領域裡做出卓越的成績呢？無論是什麼原因，「孩子在從小的養成教育中存在著問題」這點無庸置疑。

孩子的養成教育，一方面學校、老師扮演著至關重要的角色，另一方面父母更是關鍵之處。這兩個重要方面相輔相成，將老師視為教育的唯一選項，這樣的觀念已然過時。

玲玲是剛剛進入一年級的小姑娘，期中考試之後，她每天都會在學校學習三四個國字，這對於她來說是一件快樂的事情。老師這次出的作業是：「可以讓孩子在家裡說說字是怎麼記的，有興趣的可以寫一寫」。老師的作業要求很清晰，「可以」不是必須，「說說字是怎麼記的」是讓孩子分析一下字，幫助孩子加強對字形的記憶。

低年級是小朋友學習國字的關鍵時期，我們常用的三千多個國字，在小學一、二年級的學習中基本可以完成一半。「有興趣的寫一寫」，對於不同層次的孩子來說有不同的意義：有的孩子學習好奇心比較強，他願意多嘗試新鮮的事物。對於他們來說，寫字不是一種要求，不是一種負擔，而是一件有趣的事情，是一種遊戲。

老師出的作業很大程度上滿足了不同學生對學習和自主學習的需求，而且符合學生的年齡。但是玲玲媽媽看到老師安排的這項任務，就對玲玲說：「把老師教的每個字都寫兩行。」

對於剛剛六歲零八個月的玲玲來說，她不能讀懂老師的要求，可媽媽是讓她最具有安全感、最可以信賴的人，她完全相信媽媽的話就是老師的話，老師的話就是媽媽的話。可是一個字寫兩行，對於玲玲這個剛剛上學兩個月的學生來說，有多難呢？媽媽覺得四個字，一行寫八個字，一共也不過六十四個字，是一件很簡單的事情。

媽媽不懂，玲玲剛滿六歲零八個月，她的小手肌肉群還沒有完全長好。按照她的能力，一行字一般要寫四分鐘左右，八行要用將近半個小時，六歲的孩子集中注意力的時間是十五分鐘左右。讓她專注地做一件事長達半個小時之久，已經超出了她的能力範疇了。

另外玲玲屬於注意力比較分散的孩子，她無法做到集中注意力的時間超過十五分鐘。同齡的孩子，各自發育情況不一樣，因此彼此的差異就會很明顯。對於一個無法長時間集中注意力的孩子來說，就會需要更長的時間完成，也許是一個小時，也許更多。

媽媽這樣幫孩子安排作業，是因為以下三個盲點：

第一，媽媽不是專業的教育者，她不懂孩子的注意力發展階段，也不懂什麼樣的作業適合孩子。

第二，對於成人來說，寫幾十個字是一件很簡單的事情，但是對於一個六歲的孩子來說，已經是一件很難很難的事情了。玲玲的媽媽忽略了孩子的學習發展階段。

第三，媽媽覺得自己的孩子很優秀，就應該是老師說的「有興趣的孩子可以寫一寫」中的「有興趣」一類。

正是媽媽這種想當然，讓玲玲對寫作業產生了恐懼，因為媽媽的要求是她力所不能及的。這樣就會形成一個「她寫的不好，媽媽生氣，媽媽生氣，讓她緊張，她越緊張，媽媽越覺得孩子沒有盡力，從而讓媽媽的情緒開始波動，最終導致孩子對作業產生排斥，之後的作業會完成得更糟糕」的惡性循環。而這個惡性循環的導火線是什麼呢？是老師出的作業，還是媽媽篡改了老師的作業呢？

要回答這個問題，我們又要回到「家庭作業到底是什麼？」這個話題上來。家庭作業是任課教師根據教學進度，配合學習大綱安排的學習任務，它檢測的是不同學生在學習過程中的缺漏，所以孩子才是家庭作業的主體，而不是父母。

對於玲玲的作業，首先玲玲媽媽應該按照老師的要求，讓玲玲說說自己是怎麼記住這些國字的。如果她說不上來，說明她神遊在課堂之外了，屬於學習態度有問題，媽媽可以藉此和老師取得聯繫，轉達孩子的情況，老師一定會在第二天的學習過程中多加關注。

如果玲玲能夠有條理地說出每個國字是怎麼記的，說明孩子已經掌握了今天所學習的知識。媽媽應該感到欣慰，說明孩子學得很用心，媽媽應該適當地表揚孩子，更好地激發玲玲第二天的學習熱情。

如果孩子有的說得出來，有的說不出來，做為媽媽就應該幫助孩子找到說不出來的原因，引導孩子用正確的學習方法，記住說不出來的國字，並告訴她對每個字都要認真地學習。這樣的寫作業方式，不僅能讓孩子習得知識，也會端正孩子的學習態度，提高學習的興趣。

當玲玲完成第一層作業「說」之後，媽媽要尊重孩子的意願，讓她自己決定寫哪個字，寫多少。讓孩子自己選擇她能夠完成的底線，也是她有信心可以做到的程度。我們每個人都有一種先天的自我保護意識，面對困難的時候都會畏懼，並嘗試著前進。其實人和動物的進攻方式很像，比如食肉動物獅子在狩獵食草動物斑馬時，它們也會先在斑馬周圍盤旋半天，在十足把握的情況下才會進攻。人也有這種自我保護的本能，孩子寫作業時也是。在他們沒有十足把握的情況下，他們不會貿然決定要寫多少，所以孩子往往會選擇自己能達到的最低標準。當然也有意志力薄弱的孩子，即使自己制訂了標準也達不到，這樣的孩子需要父母對其進行心理鍛鍊。

玲玲既然確立了學習目標，無論寫多寫少，她都是在認真地完成老師出的作業。玲玲媽媽就應該給予表揚和鼓勵，讓孩子覺得自己是被認可的，才能鼓勵她繼續學習的自信心。

一個習慣的培養需要二十一天的堅持，一個態度的形成需要長期的磨礪。孩子在成長的過程中，都是一小步、一小步地在進步。如果按照父母認為的，擅自把步伐拉大，反而會讓孩子身心俱疲。

¿卅!

作業有寫就好，怎麼寫的不重要？

我身邊很多父母，一說起陪孩子寫作業，就會控制不住地抓狂，覺得很難、很痛苦。是什麼讓陪孩子寫作業（特別是陪小學生）變成了如此痛苦的事情？

教育部並未規定作業要怎麼出、出什麼，這部分交由學校及老師自行設計，因此如何出作業，就成了老師們每天要面對的「功課」，而這都是為了幫助孩子更好的學習。我們常說「十年樹木，百年樹人」，一個人的成長不是一蹴而就的，一個習慣的養成也不是一朝一夕的，如果小學階段沒有養成良好的寫作業習慣，那麼到了國中甚至高中，會更難以應付更多、更難的作業，學習效果想必也不佳。

冷靜地看，這個答案父母也許有些難以接受——讓孩子寫作業變得痛苦的，恰恰是家長。這是因為在學校，老師是嚴格的執行者，他們檢查嚴格，獎懲分明，而到了家裡，父母是標準不一的執行者，在約束和放縱之間，差異相當明顯。

閆璐是一個非常聰明的孩子，在媽媽的眼裡他就是一個天才。六歲零七個月入學的他，認識的國字數量遠超同年級的小朋友，他可以獨立閱讀很多書籍，即使沒有注音，他也能夠流利地朗讀。他做數學作業的速度很快，而且準確率很高。媽媽看閆璐的眼神充滿了驕傲，她希望自己的兒子在班裡，乃至在學校都是最出色的那個，所以每次孩子放學回到家，媽媽都會用欣賞的目光看著兒子做作業。在媽媽的眼裡，閆璐不是一年級的小學生，而是一個優秀的大學生、研究生，甚至博士生。

媽媽對閆璐的培養也是煞費苦心。閆璐愛看書，她就不停地給閆璐買書。閆璐認識的字不僅多，而且會寫的字也多，他可以在不用注音的情況下寫上好幾句，這對於一個剛剛踏進學校大門的孩子來說，真的是一件了不起的事情！所以每次回到家裡，即使沒有作業，閆璐也會自己在小本子上寫故事，寫學校裡的故事、寫自己腦子裡的故事、寫自己想寫的故事。最初他在媽媽給他準備的小本子上寫，小本子的格子很小，閆璐不喜歡，就一個字佔用好幾個格子，媽媽並沒有批評他，還是充滿愛地看著他。

後來，閆璐不再用幾個格子寫一個字了，而是用幾行寫一個大大的、歪七扭八的字，一個故事要用好幾頁紙，媽媽依然欣賞地讀著，充滿了驕傲和幸福。閆璐覺得還不過癮，寫字的時候信馬由韁，橫起來看更像是一個彎彎的橋，豎起來看像一面快要倒塌的牆；明明是個方方的字，非要寫得扁扁的：明明點在橫的上面，他非要把點寫到橫的下面。結果媽媽還是笑眯眯地看著他，充滿了慈愛和信任。閆璐從此放下了所有的約束，無論是國字還是數字，都寫得自由自在。

結果，他用同樣的方法寫作業時，老師的態度和媽媽卻截然不同，第一次老師嚴厲批評了他，讓他擦掉全部的作業，站在老師的講桌旁又重新寫了一次。當同學們都在教室內愉快地玩遊戲時，閆璐低著頭，痛苦地一筆一畫地重新寫著作業。

回到家，閆璐忘了老師的要求，依然如故。回到學校自然是挨訓受罰。自此，閆璐開始討厭寫字了，開始不願意再寫小故事，不願意主動拿起筆來寫任何一個字。

短短一個月，閆璐從最初開始學習寫字的樂此不疲，到滿臉不開心地拒絕寫字，問題究竟出在了哪裡呢？

問題就在媽媽身上。

我們說「沒有規矩不成方圓」，所以做任何事情都要遵守原則。寫字的原則不僅僅是會寫、寫對，還要規矩、漂亮，就像我們煮一道菜，需要色香味俱全，才可以稱得上是美味佳餚。寫字也一樣，寫得漂亮不僅僅是為了給人賞心悅目的感覺，更重要的是在寫字的過程中，培養做人做事的態度。古人云：「字如其人。」漢字不僅蘊含著文化思想，更沉澱著做人態度、人文氣度。

不要小看把字寫得歪七扭八、有大有小、沒有章法，「寫字」可以培養孩子的觀察力、意志力。如果孩子寫作業的時候不好好寫字，那麼他作業的錯誤率就會變高。敷衍的態度讓他做事不用心，「差不多就行」的思想早晚會害了他。

我們常說：「態度決定成敗，細節決定成功。」我相信闖璐的媽媽肯定不會相信，正是自己在陪伴孩子的過程中，對孩子錯誤的放縱，才導致了孩子的問題。

我們經常說，天才必定是少數，更多人是平凡人。每個人的智商相差無幾，在同一個班級上課學習，完成相同的作業，但是幾年下來，孩子們的成績卻相差很遠。這是為什麼呢？因為孩子們剛剛起步的時候，標準不統一，好比我們測量一枚硬幣的直徑，有的用公尺做單位，有的用公寸做單位，有的用公分做單位，有的用公釐做單位。單位選取得越小，測量的結果越準確。同樣道理，孩子們寫作業的時候，父母把標準訂得越精確，孩子們成才的機會才會越大。

閆璐的媽媽第一次發現閆璐寫字不規範時，就應該問問他寫大字的原因，如果是因為作業本的格子太小，就應該幫他換一個大格子的本子。把字寫在格子裡，是最基本的要求。當媽媽發現閆璐寫的字變得像彎彎的月牙兒時，就應該問問他為什麼把字寫成這樣。如果他只是覺得好玩，我們需要教育他，寫字是一件嚴肅而重要的事情，和我們做人一樣，寫得不好別人也會不喜歡它，相信他一定會努力改正。如果媽媽發現他把寫字當成一種遊戲，就應該問問他這樣寫的原因是什麼。我們應該告訴他，寫字是一件快樂的事情，但同時也是一件神聖的事情，只有對它尊重，你才會更多更好地掌握國字朋友……

無論什麼情況，媽媽一味給予孩子欣賞而肯定的目光，就是對孩子犯錯的肯定，正是這個錯誤信號的傳遞，才會引導孩子走上錯誤的學習道路。

作業只需要「寫」嗎？

很多時候我們做事都是盲目的，沒有弄清楚事情的目的就奮不顧身地投入。陪孩子寫作業這件事情，有多少父母思考過：寫作業是什麼？它僅僅是寫嗎？如果您回答「是」，那就給孩子埋下了無窮的隱患，也開啟了孩子應付作業的可能。

小博是一名五年級的男孩，聰明又淘氣。小博上學幾年沒少讓父母操心。媽媽提起他的時候，簡直無法找到一個合適的詞語來形容，一週不惹上兩次禍，兩週不到學校道歉一次，媽媽都覺得心神不寧，感覺會有大事發生。像這樣淘氣的孩子，他的作業肯定也是個大問題。

第一，書寫潦草。小博寫的字沒有幾個人能認識，而且錯字還多。第二，錯誤多。數學作業的錯誤率都在百分之七十以上，每每老師批閱完畢，作業上一片紅叉。第三，遺漏多。寫作業時漏掉幾題是常有的事情，對老師出的讀書作業更是置若罔聞。第四，書包凌亂。每次交作業對他來說就像「尋寶」，書包裡的書、作業本、考卷混雜在一起，拿一樣總會帶出一大堆東西，就是找不到要交的作業本。

小博的作業為什麼會有這麼大的問題呢？難道是他五年級的老師有問題？難道是他四年級老師有責任？或者是更之前的老師沒有教育好他？

究其原因，其實是父母在低年級陪寫作業的過程中，只關注了寫作業中的「寫」，而沒有理解「寫作業」其實是種技能的訓練，是綜合的學習活動，是良好習慣的培養、基本素養的形成過程。他的書包凌亂，很大的可能是在一年級入學的時候形成的。

造成孩子書包凌亂的原因往往有以下幾點：

第一，父母代替孩子收拾書包。這也許是最具華人特色的教育方式。孩子小的時候，父母幫忙收拾書包，因為父母老覺得孩子太小，沒有做事的能力，既收拾不好又浪費時間，所以父母就親自上陣幫忙整理。

第二，孩子沒有接受過整理物品的訓練，父母也認為這種訓練不重要。久而久之，變成了只要書包能夠背走就可以了。

剛剛上小學一年級的學生，在上學之前打下的基礎各不相同。有些學生提前上了一年的幼小銜接學前預備班，學校會淡化學前教育課程，把對學生的常規訓練分散到平時的訓練中，比如讓孩子認識新的校園、讓孩子自己擺放物品等。也有些學生沒有學前教育的經歷。對於這類孩子，學校會安排學前教育課程，安排專人、專時、專項地訓練學生的入學基本技能。

但無論是哪種情況，一年級的班導都會對孩子進行一項專門訓練——整理書包，老師不僅會帶領孩子在學校進行整理，還會把這項任務當做作業出給孩子，讓孩子在家裡繼續訓練。

有些父母，特別是有良好的物品整理習慣的父母，會協助孩子一起整理書包，大小分開，功能分類，而且讓孩子反覆地操作；有些父母則會自己順手幫孩子整理了。長此以往就會導致孩子對整理書包，進而是對周遭環境都滿不在乎。這些孩子在學校的時候，書、作業本擺得混亂不堪，放學時往往需要整理許久；在家裡的時候，就等著父母幫忙，甚至帶什麼、不帶什麼都不關心。

整理書包是不是作業呢？當然是！把書包收拾得有序整齊，不僅可以避免浪費時間，提高學習效率，也是對做事條理性的訓練。萬事都是相通的，整理書包有條理，做事也會思考先做什麼，再做什麼。

中國浙江有所學校有這樣一項特殊的獎懲：學校每學期會舉辦兩次對學生座位抽屜的抽查，達到百分之九十五以上整齊程度的班級，獎勵五百元班費，達到百分之百整齊程度的班級，將被評為「學習模範班級」。學生的抽屜中到底蘊藏著什麼學問呢？原來該校校長發現，有良好的物品擺放習慣的學生，成績總能保持優秀，而學生抽屜凌亂者，他們的成績往往不穩定，甚至是糟糕。另一所杭州的建蘭中學也做過類似的實驗調查，在隨機抽樣中，該校初二某班成績排名前五的學生中，四名同學的抽屜非常整齊，一名同學則是「比較整齊」。該校副校長沈國強表示：「課桌的整潔度與學生的學習成績，從某種意義上來說，的確有關聯。」

小博的父母忽視了老師要求孩子整理書包這項「動手作業」，就可能會讓孩子逐漸養成做事沒有條理的習慣。所以這些看似和成績沒有直接關聯的作業，卻和他最終糟糕的成績有著密切的聯繫，甚至於和他淘氣、愛打架的個性也有相關。因為按規則做事的人，通常不會隨意地挑戰班級和學校制度的底線。

在老師出的作業中，有很多類似「整理書包」這類不用寫的作業，而這類作業卻常常被很多家長忽略。例如讓學生畫畫的作業：看了某本書，你的感受是什麼呀，把你的感受畫一畫；中秋節的時候，讓孩子們畫一張中秋海報，把自己眼中的中秋展現出來；秋天了，樹葉落下來了，趕緊撿幾片樹葉，做個樹葉畫吧！

但最終呈現在老師面前的，都是家長的「傑作」。畫工好的家長，畫風嚴謹，構圖漂亮；動手能力強的家長，粘粘貼貼，勾勾寫寫，但是唯獨在畫面上找不到孩子的童真、稚趣。對於這樣的作業，父母認為不重要，重要的是數學作業、國字作業、作文本、英文作業，似乎只有寫在本子上的作業，才是真正的作業。父母的包辦代替，給孩子們留下了什麼印象呢？就是作業不是很重要，可以挑揀。既然不重要，孩子們為什麼還要認真地對待呢？

父母對作業的狹隘認識，會不斷地降低作業的意義和價值。老師出「整理書包」的作業，是培養學生的自主學習意識的開始；老師出「畫畫」的作業，是為了激發孩子的創造思維和想像力；老師讓孩子製作海報，是讓他們練習歸納總結的能力……每一項作業都承載著不同的教育內涵，但是父母的自作主張，卻讓作業承載的使命大大降低。

「認真檢查」是寫好作業的重點嗎？

在父母要求孩子寫作業的過程中，我聽到最多的一個詞就是——認真檢查。幾乎所有的父母都會習慣性地說一句：「寫完了，認真檢查。」可事實上，國中生、高中生能夠做到認真檢查的都很少，更何況是一個小學生呢？要一個低年級的小學生「認真檢查」，不過是一種形式。

一位資深基層教師曾回憶說：「在我執教的三十年中，能夠做得到認真檢查的學生鳳毛麟角，但也不是完全沒有，有個叫吳嘉欣的小女孩，就是一個會認真檢查作業的孩子。每次她寫完作業，都不會急著交，而是坐在座位上，手裡拿著一支筆習慣性地轉動，眼睛卻專注地看著作業。有時候，我會反覆催：『還有誰沒有交作業？』她都不急著交作業，直到最後我說：『再不交就不收了。』她才會自信地把作業交上來。

在小學，我教了她三年，大小考試，她沒有一次不是滿分的，這樣的學生我沒有教過幾個。」

既然認真檢查是一項很難的學習任務，或者說是種很難養成的習慣，那為什麼老師和父母還要不停地讓孩子認真檢查作業呢？我們不得不思考，認真檢查作業真的是我們最後的目標嗎？是學生出色完成作業的最高境界嗎？

小航和小威的父母是非常要好的朋友，兩家人總是會定期聚會。兩個男孩子又都是五年級的學生，同樣的頑皮、好動，所以兩個孩子也非常投緣。他們不在同一所學校，小航的成績一直非常優秀，屬於班裡的資優生；而小威就要遜色很多，成績總是在中上的位置徘徊。

有一次放學後，小威的媽媽接他到小航家參加聚會。小威一到小航家，兩個孩子就開始到臥室裡寫作業。兩個媽媽叮囑他們要認真寫，寫完以後家長要檢查，如果寫不好，就不可以玩遊戲。也許是遊戲的巨大誘惑，兩個孩子寫作業的速度都比平時快了很多。寫完後，兩個人就央求要玩遊戲，兩個媽媽說：「你們兩個彼此檢查一遍，檢查沒有問題了再玩。」小航的作業檢查完畢，基本上沒有錯誤，但小威的作業卻是錯誤百出。小威媽媽感覺自己的顏面被孩子丟盡了，氣憤地說：「小航幫他看看怎麼錯的，笨死了！」

小航指著第一個錯題，問他：「你知道怎麼錯的嗎？」

原來小威把數字「6」抄成了「0」，小威說：「我抄錯數字了。」

一貫嚴謹的小航追問道：「你為什麼抄錯了呢？」

小威看著數字，手不自覺地放在腦袋上抓頭髮，他似乎在說給小航聽，又似乎在自言自語：「我為什麼抄錯了呢？我為什麼抄錯了呢？」

小航也繼續追問，說：「對呀，你為什麼抄錯了呢？」

小威嘴裡不再喃喃自語，但是手依然抓著頭髮，似乎在思考這個他熟悉又陌生的問題。在平時的作業中，小威經常抄錯數字，每一次媽媽提醒他有錯時，小威都會快速地改過來，但是第二天依然還會抄錯。儘管媽媽有時候也會非常氣憤，但是從來沒有問過他：「你為什麼抄錯了呢？」小威自己更沒有思考過這個問題。就算每次媽媽在他改正過來後，都會惱怒地補上一句：「以後認真檢查！」但是抄錯數字的問題依然沒有得到改善。

小航繼續帶著小威改第二個錯題，在這一題中，小威把「運出的貨物」看作「運來的貨物」，計算出的答案當然天差地遠。小航又是一臉嚴肅地問小威：「你怎麼把『運出』看成『運來』了呢？」

小威這回也變得嚴肅起來，他不再抓頭髮，也不再低聲自問了，內心有了少有的深思：「對呀，我為什麼就看反了呢？」以前他也時常出現這樣的解題失誤，不是不會，就是在解題的一剎那把題意弄了個「南轅北轍」，媽媽每次發現這樣的問題，就會暴怒：「要你認真點，你就是不聽。你看看這題應該錯嗎？氣死我了！」最後也不忘補上一句：「以後認真檢查！」可是媽媽從來沒有問過他，他自己也沒有問過自己：「為什麼會出現這樣的失誤呢？」

小航每指出一個錯誤，都會這樣不斷地追問小威，而小威一個都回答不上來。但是小威的神情卻顯示出，這次他真的找到低分的原因了。此前，他總是在錯了之後改正，改正之後繼續犯錯，從來沒有深入地思考過，是什麼導致了自己不斷地出現同樣的錯誤。現在他明白了，是因為自己做作業的態度不嚴謹。每次做作業，無論有多少錯誤，都有媽媽檢查出來並一一指明，頂多挨幾句責罵，但是那又能怎樣呢？媽媽生過氣後，「認真檢查」也就是一個習慣用語而已。

檢查不是我們的最終目的，檢查的最終的目的是減少錯誤率，提高作業的品質。怎樣才能提升作業的品質呢？其實不在於做完之後的「認真檢查」。一個人一旦犯了錯誤，是很難發覺自己犯錯的，要改善問題應該從源頭找起，也就是孩子在動筆的時候，就要保持認真的態度，最後才可以完成高品質的作業，而我們往往會把「認真寫作業」分成「寫作業」和「認真檢查」兩部分來執行。

小威的問題，不僅僅是他自身的問題，媽媽在發現他的問題之後，只是讓孩子走一個「認真檢查」的形式，而不是追本溯源，沒有改善孩子在動筆前不認真的態度。如果小威從寫第一個字的時候，就意識到自己要看清楚了再動筆，就會避免很多不必要的錯誤；如果小威在解題的時候，靜下心來去讀懂題目，就會減少因為馬虎而形成的錯誤；如果小威每次計算的時候，都能屏息凝神地認真對待，他抄錯數字的可能性就會變小。

一個優秀的孩子之所以優秀，不是因為他有認真檢查的習慣，而是他有認真讀懂題目、認真思考、認真寫字、認真畫圖、認真檢查等習慣。

另一位資深基層教師，每次替學生進行考前輔導的時候，都會告誡孩子們：「當你把3加4算成6的時候，你會非常肯定自己的決定，而且心裡還會告訴自己3＋4＝6是對的。因為我們往往非常信任自己的第一印象，而且很難更改，這也是為什麼我們總是『當局者迷』的原因。」因此，我們要想把作業做好，就要用正確的態度來寫作業。

有研究表明：在多數情況下，一個經常得滿分的學生，比一個成績經常在六七十分徘徊的學生的考卷，書寫要更工整，塗改也更少。因為優秀的孩子都是在慎重思考之後才落筆，他把「認真」兩個字放在了寫作業的第一步。做為父母，與其每天向孩子強調認真檢查的重要性，不如讓孩子在落筆前就認真對待。

為什麼不要獎勵孩子寫作業？

面對鮮花和讚美，所有人都會有一種飄飄然的感覺。在針對孩子做作業這件事情上，是用「鮮花」這樣的物質鼓勵好，還是用「讚美」這樣的精神獎勵，更利於孩子的長期發展？對於親子教養來說，也許這真的是一個很難回答的問題。

相信很多父母在孩子寫作業的問題上，都採取過很多嘗試，我歸納為如下幾種：

- **量化評價**：製作表格，用評價表的方式，量化孩子的作業品質，最終讓孩子在量化的標準上獲得成就感。
- **補償機制**：以「孩子能不能很好地完成作業」當作補償的標準。
- **物質誘惑**：只要能夠很好地完成作業，就給予孩子最渴望的物質。
- **精神誘導**：只要能夠很好地完成作業，就給予精神上的撫慰。

- **願望滿足：**只要在一段時期內能很好地完成作業，就滿足孩子的願望。無論是哪一種，最終都體現在父母給予孩子物質或者精神上的獎勵。

在職場裡，管理部門也會採用類似的獎勵機制來激發員工的積極性，為企業帶來更多的效益。但是孩子的勞動付出是為了誰呢？他的效益獲得者是誰呢？誰該為這份效益買單呢？想要回答這一串問題並不難：孩子是作業的主人，他是勞動的付出者。作業是對他一天學習的檢測和提升，他才是最大的收穫者。根據獎勵機制誰付出誰受益，自然是孩子為他的作業收益買單才對，可是我們看到的現狀卻是父母成為買單者！

父母樂於看到孩子為了寫作業而付出努力，他們覺得這是無可厚非的事情。做為孩子，他們也欣然接受一切的獎勵機制帶來的收益。但是，父母們試想，孩子今天要個小熊，買！明天要支冰棒，買！後天要臺電腦，買！當我們給予了一切他所渴望的東西之後，我們還可以給孩子什麼？當我們不能滿足他的需求的時候，孩子是否還會對作業抱有熱情呢？

心理學有一個著名的理論叫作「葉杜二氏法則」（Yerkes–Dodson Law），它說明「動機強度和工作效率之間的關係不是一種線性關係，而是呈倒U型曲線的關係」。中等強度的動機最有利於任務的完成；動機不足或過分強烈，都會使工作效率下降。也就是說，動機強度處於中等水準時，工作效率最高，一旦動機強度超過了這個水準，對行為反而會產生阻礙作用。套用在學習上，適度的焦慮和壓力有利於學習效率的提高，但太強的動機、太多的焦慮和太大的壓力反而不利於學習效率的提高，會降低學習的效率，干擾記憶和思考活動。

一般而言，父母會在以下兩種情形採用獎勵機制：一是孩子寫作業品質太差，父母內心非常焦慮、著急，希望通過鼓勵來激發他寫作業的熱情，從而提升成績；二是孩子作業的品質還可以，但父母對孩子有較高的期望，希望他可以完成得更好，因此想通過獎勵機制激發孩子的潛力。不管哪一種，背後都有強烈的動機，就會給孩子造成孩子的心理壓力。在這種焦慮、緊張的情緒中進行「獎勵」，不僅會「欲速則不達」，還會加重孩子的精神負擔。

我始終認為學習是一種自覺的行為，懂得學習有其規律的父母，首先要學會不把過強的動機和壓力放到孩子身上。一個習慣的培養固然需要鼓勵，但是如果作業品質完全依靠於獎品的激勵，那麼孩子所獲得的學習動機雖強烈，效果卻未必是最好的。

思睿的爸爸媽媽工作非常繁忙，在成長過程中，陪伴他更多的是外婆和奶奶。外婆和奶奶每天輪流負責接送思睿，回到家後還要看著思睿寫作業。思睿已經習慣了這樣的生活方式，他可以得到奶奶和外婆的隨時關愛，對此也感到非常滿意。

每天放學後，兩位老人家都會幫思睿背書包、拿水壺。從學校到家門口，如果是媽媽接送，二十分鐘就足夠了，可是兩位老人帶著思睿就要走上一小時才可以到家。他會一邊走一邊用小腳丫踢地上的小石子，看到別人家的小狗會蹲下來看看，撿起在地上的樹葉，反覆地擺弄。即使一路上沒發生什麼有趣的新鮮事，他也會蹲在地上告訴外婆或奶奶他累了，需要休息一會兒；或者他餓了，想吃點東西再走。當然，老人也總是給他備好了零食。因為在路上磨蹭得太久，老人會不停地催促他：「快點走，一會兒回家還要寫作業！」、「快點走，你媽媽一會兒又要打電話唸你了。」、「快點走，奶奶累了。」但是思睿總會悠哉悠哉地按照自己的節奏走。

因為在路上他耽誤了太多時間，到家寫作業的時間就少了，媽媽還安排他練琴、背詩，所以奶奶也好外婆也罷，會不停地說：「你快點寫作業吧！」為了讓他更快一點，就會習慣性地加上一句：「你快點，奶奶等等給你炸雞腿吃。」、「你快點寫，外婆等下讓你去玩滑板。」總之老人家總會不自覺地主動給思睿各種獎勵。在獲得自己喜歡的東西的一剎那，思睿的動作會加快一些，但持續的時間只能用秒來計算，一會兒他就又放慢了節奏。這時，奶奶就會又補充一句：「你快點吧，等等我讓你吃根雪糕。」外婆也會補上一句：「你快點吧，晚點我讓你看一下卡通。」因為自己的緩慢而換得獎勵，思睿會開心的立刻加快速度，但之後他寫作業的速度卻一天比一天慢，有的時候卡通都播完了，奶奶煮的飯都已經放涼了。短短幾十分鐘的作業，思睿卻要用上幾個小時完成。

獎勵真的能夠激發孩子寫作業的興趣嗎？也許這種短暫的動力是強烈的，但是未必可以帶來好的效果。最後思睿養成的習慣反而是：要想讓他寫得快，必須有附加的條件，一旦失去條件，他的速度就會超級慢。

家庭作業是什麼？我們必須不斷反覆思考這個問題：家庭作業是孩子檢測學習的活動，是對學校課程的查漏補缺，那麼可以說，家庭作業是孩子學習過程中不可缺少的環節，是孩子必須承擔的任務，身為學生必須承擔的責任。既然寫作業是責任，他就應該自主獨立地完成。而在陪伴孩子寫作業的過程中，父母不當的給予過多獎勵，會讓孩子在潛意識裡覺得作業是可以換取獎勵的資本，是可以討價還價的一種工具。

第二章

父母的迷思，
影響孩子的學習心態

孩子做作業時心不在焉，注意力不集中，小動作多，一會兒喝水一會兒上廁所，明明一個小時就能完成的功課卻要拖上兩三個小時。於是，在陪伴孩子寫作業的過程中，父母常常痛苦不堪。殊不知，孩子不良習慣的養成，原因可能就隱藏在父母的陪伴過程中，那些不經意的話語和習慣裡……

問完「寫作業了嗎？」之後的事

很多家長朋友向我訴苦：「我每天到家第一件事，就是問孩子有沒有寫作業。」很多家長，特別是媽媽勞累了一天，真的連吃飯的力氣都沒有了，但是回到家裡的第一件事情，一定是詢問放學的孩子是否寫了作業。當孩子回答「寫了」時，父母懸著的心才會落下來。奇怪的是，父母雖然很少聽到孩子回答「沒寫」，可是為什麼老師還是會因為孩子的作業問題和父母頻繁地聯繫呢？是老師的統計出現了問題，還是孩子的回答出現了問題呢？答案顯而易見。

小陽是五年級的學生，大部分時間在班級墊底，偶爾也會取得比較優異的成績。

小陽家就住在學校門口的社區裡，也已經是可以獨自回家的年紀了。每天下午不到四點就放學的小陽，回家後有大約三個小時的獨立時間，他已經被媽媽養成了進門第一件事，就給父母打電話報平安的習慣。如果小陽四點還沒到家，媽媽就會聯繫老師，所以小陽沒有時間在路上邊走邊玩，但是報平安後的時間，就由他自由支配了。

通常小陽用四十分鐘就可以完成作業。老師偶爾出的作業會多一些，就需要一個半小時才能完成。但是不管怎樣，大約七點他的父母才會回家，他有很長一段屬於自己的時間。在這段時間裡，他可以看卡通、看電影、聽音樂。不知道為什麼都是四十分鐘，上課的時間很難熬，但是看電視時，四十分鐘就像四分鐘，一會兒時針就在時鐘上走完一圈。對此，小陽總是懷疑自己家的時鐘是不是被媽媽遙控了，只要他一看電視，媽媽就設置了程式，讓指針快速地走。

小陽想到一個字沒有寫的作業時，會不由自主地看看時鐘，暗示自己馬上就關電視，趕緊寫作業。但拖延了一個多小時，再不寫作業的話就無法向媽媽交差了，小陽這才不情願地回到自己的小房間開始寫作業。

打開作業本後，按照慣例，小陽一定會再發一會兒呆。在發呆的瞬間，他往往會被隨便的一支筆吸引了注意力。他把筆平放在桌子上，轉上幾圈，看看是越來越快還是越來越慢；也許，他還會再拿出一支筆，讓它們互相比賽，一枝筆轉得快了，他一定會再用力轉另一枝筆，這樣相互輪流。幾圈下來，分針又轉了大半圈。距離媽媽回來的時間只剩一個小時了。小陽意識到自己必須加快速度了，否則就要迎來一陣「狂風驟雨」。他專心下來，按照聯絡簿上的內容，開始完成第一項作業。此時已經過了六點，距離小陽回到家的時間已經過去了兩個小時。這兩個小時雖然很放鬆，但他玩得並不自在。

快！快！快！這個時候無論如何都需要加快速度了，趕緊低頭寫作業。可是剛寫了幾題，小陽又有可能因為翻書，被翹起來的書角引走了注意力，他用手中的筆，把書角壓下去，壓下去，壓下去……可是書角不聽話，總是下去了又上來，再壓，再上來……小陽又進入了新的挑戰遊戲中。

這個時候，時針真的立刻就要指向媽媽回來的七點鐘了。要解決一切障礙，快寫！於是就出現了自己明明知道還剩三題，卻只做了一題，並暗示自己另兩題是「記錯了」。抄寫的作業不僅漏了兩題，更草草地匆促寫完，這樣本該用四十分鐘完成的作業，總會被小陽快速地壓縮到二十分鐘，趕在媽媽用鑰匙打開門的一剎那，「完成」自己的所有作業。

自然，媽媽回來的第一句話就是：「作業寫完了嗎？」小陽的回答一定是自信滿滿的——「寫完了！」媽媽對乖巧兒子的回答也是滿意得很，立刻覺得一天的勞累都消失了，渾身輕鬆了很多。媽媽會幸福地說：「媽媽立刻給你煮晚餐，你再看一會書。」小陽也會得意揚揚地回答：「好的。」

多麼和諧的一幕啊，聽到孩子自動自發地完成了作業，媽媽立刻安下心來；聽到媽媽口頭的表揚，孩子就感覺一天的功課終於圓滿完成了。

如此日復一日，最終的結果是什麼呢？小陽的作業永遠不及格，錯誤多、書寫亂、丟三落四。如此的作業品質怎麼可以起到檢測學習成果的作用呢？怎麼可以提高他的成績呢？而老師每次為了作業而請小陽媽媽來學校的時候，小陽媽媽也是滿肚子委屈：自己勞累一天，回家後的第一件事情就是「檢查」孩子的作業，怎麼說自己沒有起到家長的監督作用呢？一學期幾乎天天「檢查」孩子的作業，孩子的作業怎麼就是寫得不好，成績怎麼就是上不去呢？

POINT

在成人的世界裡，我們每個人說的話都是要負一定責任的。要是上司問你：

「工作做完了嗎？」大多數人都會實事求是地回報，因為完成和沒有完成只是狀態不同，沒有完成可能是有一些不可控制的客觀因素，所以哪個答案都能讓上司欣然接受。可是在孩子的世界裡，父母的詢問就是一次審判，孩子們懼怕這種「審判」的到來，更沒有勇氣承擔後果，所以對於父母檢閱式的詢問：「作業寫完了嗎？」孩子都會出於自我保護回答說：「是。」父母用成人的標準測量著兒童的世界，所以出現了因為標準不同而造成的假象，並因此被蒙蔽。

如果小陽媽媽在吃完飯後追問一句：「把你的作業拿來，我檢查一下。」由於父母有了實際行動，孩子就會有所顧慮，就不會毫無顧忌地應付了事。

如果小陽媽媽再多做一些，跟小陽說：「拿你的聯絡簿來，我檢查一下每項作業。」更會減少孩子偷懶的可能性。

如果小陽媽媽在此基礎上再深入一步，檢查小陽的每項作業，並讓他自己改正，那麼第二天小陽再做作業的時候，不僅會認真寫完，還會再檢查一遍。

如果小陽媽媽把檢查作業的工作做好，效果就會截然不同。讓孩子自己檢查一遍，然後把錯的題目記錄在筆記本上，這樣寫作業才會起到真正的作用。因為這種方式會讓孩子區分出會的和不會的作業，對不會的作業又進行了追蹤，得到了複習的機會。

同樣是一句：「你作業寫完了嗎？」當它做為結束語，和做為開頭語時，二者所發揮的作用截然不同。

簽名不等於檢查作業

人們常說「可憐天下父母心」，其實在當下，我們還可以加上一句「可憐天下老師心」。針對不同年齡層的學生，老師的工作重點和工作方法是不同的。一般來說，小學低年級的老師想問題會更加具體細緻，不願意放棄每一個細小的問題和環節。整體來說，小學老師對家長參與孩子教育的需求度要高於國中和高中，畢竟孩子太小，很多事情還無法獨立承擔。老師更願意父母參與到對學生的管理中來，所以很多老師喜歡讓家長簽名。比如：讀了三遍課文，讓家長簽名；聽寫完，讓家長簽名；做了計算練習，讓家長簽名……

同樣是作業完成後給父母簽名，但簽名和簽名背後的故事卻千差萬別！

四年級的濤濤是老師眼裡的「寶貝」，在學校只要有時間，老師就會幫他課後輔導。要是遇到濤濤父母來接晚了，老師更是喜上眉梢，這樣就可以多給濤濤輔導一會兒了。每次老師把濤濤交到父母手上的時候，都會和父母多叮囑幾句，「請濤濤馬麻您回家先讓他做什麼，再做什麼……您一定督促他把書讀了，然後幫他簽名……」老師絮叨得似乎即將把濤濤領走的不是濤濤的父母，而是陌生人。每天老師都擔心濤濤回到家後，一天的補習效果就會消失殆盡。

濤濤在學校的時候很少說話，即使說話也是聲若蚊蠅。可是回到家裡，他的聲音立刻提高了幾十倍。在學校的時候，老師問他什麼，他都是儘量點頭，或者用「嗯」回答，但是一回到家，他的力量就釋放了出來。

媽媽說：「濤濤，老師說了要趕緊寫作業。」濤濤就會說：「我都累了一天啦，寫了好多題，就不能休息一下嗎？」然後一屁股坐在沙發上，不想動彈。媽媽就會笑呵呵地說：「可以，可以！休息十分鐘，再寫作業。」濤濤用手托著自己的下巴，眼睛一轉，張嘴就說：「我餓死了，我要先吃點心！」媽媽依然笑呵呵地回答：「可以，可以！媽媽幫你去加熱漢堡。」濤濤吃完一個漢堡，抹了一下小嘴，頭向沙發上一躺，開始了自己特有的「濤濤之呼吸法」閉目練習。媽媽就會笑呵呵地拍拍濤濤的肩膀，說：「我們先寫作業，好嗎?寫不完老師該生氣了。」濤濤眼睛睜也不睜，略有怒氣地說：「煩死了，煩死了！老師生氣就生氣啊！」媽媽的微笑還是那麼和藹可親，站在濤濤的旁邊，似乎在虔誠地等待著濤濤的下一個命令。

不管如何磨蹭，濤濤最終還是會坐在書桌前開始寫作業。而濤濤媽媽似乎也完成了自己陪寫作業的職責，開始在廚房、客廳來回打轉。濤濤的媽媽和別人一起開了一間家庭式餐廳，專門負責送餐給學校。有的時候，還要到樓下忙一忙餐廳的事情。濤濤媽媽就像風一樣出現在各個場地。她一會兒轉到濤濤身後，說一句：「你寫完了，媽媽簽名。」一會兒又轉到濤濤面前，叮囑一句：「老師讓我簽名，你可要認真寫呀！媽媽也算是盡忠職守了。」

無論這個「拉鋸」時間多麼漫長，濤濤最終還是會一樣樣地寫完作業。他把一本本作業打開，然後高喊：「媽媽，簽名——」這個時候，媽媽臉上的笑是最開心的，似乎所有情感瞬間得到了釋放，壓在心底的石頭一下子被搬開了，媽媽隨意地拿起一枝筆，問：「在哪簽?」濤濤頤指氣使地指著說：「這裡！」媽媽鄭重地在濤濤指的地方簽上名字。至此，今日的作業終於完成。

可是，濤濤完成的是什麼作業呢？想來簽下名字的媽媽也不清楚。對於她來說，孩子寫完了，她簽上自己的名字，就是完美達成了老師規定的任務。可是這樣的簽名有多少價值呢？濤濤媽媽是盡到了責任還是沒有盡到責任呢？

做為老師，我們常常碰到讓人哭笑不得的以下情形，有時讓學生訂正考卷後讓家長簽名。孩子經常還有錯誤沒改，但是家長的名字就簽在了上面。或者要求學生讀完三遍課文，然後讓家長簽名。學生的課本上有家長的名字，可是課堂上抽查朗讀作業時，孩子卻讀得斷斷續續、錯字連篇。又或者老師發下通知單讓家長簽名，第二天交回條，但孩子交上去的回條卻一片空白。老師打電話詢問家長是否簽了回條，家長卻一口咬定說簽了。

不然就是請家長對照聯絡簿一一檢查孩子的作業是否完成，然後簽名表示已看過。聯絡簿上簽著家長的名字，但是孩子的作業本卻空白一片。最印象深刻的是，讓孩子準備課堂文具，已經有了的需要家長簽名告知老師，沒有的老師會幫忙準備。家長一邊在通知單上簽名「已有」，另一邊卻追問老師：「老師，準備什麼文具呀？」

父母面對的是一個孩子，但是老師面對的是龐大的群體，隨著樣本增加，各種可能性都會出現。

那麼，老師為什麼要求家長為家庭作業簽名呢？原因主要有以下幾個：

●第一，傳達資訊

學生，特別是小學階段的學生，他們是不具有完全行為能力的人，需要監護人全方面地瞭解孩子的情況，老師有義務向父母傳達學生的各種資訊。為了確保學生資訊傳達到位，所以老師會要求家長簽名。

●第二，親師合作

父母是孩子的第一任老師，也是孩子終生的老師，而學校的老師是傳授孩子知識的人。這兩重「恩師」在孩子的成長過程中，都扮演著重要的角色。如果兩者合力，對孩子的幫助會事半功倍。藉由簽名的形式，老師就能獲得父母的支持。

●第三，教育不下課

老師在學校對孩子的教育是全方位的，既有品行教育又有知識傳授，教師的職責是讓每位學生都能學到知識、學會做人。學生能力的提升是老師付出心血的結果，老師希望這種教育能夠延續到家裡。老師和父母就像兩個跑接力賽的選手，一個下場了，必須把接力棒傳遞給下一個，所以老師會用簽名的形式，跟父母傳遞學生的學習進度。

無論出於哪種目的，老師採取「家長簽名」的方式都是為了更好地闡明學生的現況。而父母一個「拿來簽名」的簡單動作，往往讓老師的教育需求失去效用，從而喪失很多瞭解、幫助孩子的機會。而在所謂的陪作業中，孩子也沒有獲得真正的「陪」的效果。

讓孩子寫越多作業越好嗎？

現在學生的作業很多元，很難給出一個確切的定義。國高中的學生作業因為涉及的課程科目多，所以作業量大，而每個學生的學習能力不同，完成作業的態度不同，所以他們完成作業所用的時間會有很大的波動。學習成績不太好的同學寫作業的時間，會遠遠超過學習成績優異的學生。

小學生也存在這種成績越好，完成作業的時間越短；成績越差，完成作業的時間越長的情況。成績優異的學生大部分都可以在學校完成作業，回到家裡父母就會根據孩子的情況再出一些「家庭作業」。作業來源通常有兩種：第一種是各種課外補習，因為報了各種班，就會有一些作業；第二種是各種練習卷，市面上各種補充講義數不勝數，每個年級都不下百種，有時候同一個主題甚至會出十幾種練習冊。

第一種作業是父母花了大錢買來的，所以裡面有著金錢因素，父母希望錢花的值得，就會對這樣的作業格外關注、一絲不苟。

對於第二種作業，父母就是覺得只要孩子多寫就會有好的效果，所以他們會毫無選擇地從市面上隨意購買練習本給孩子做。因為對於父母來說，他們不是專業人士，他們不懂得某一種題型學生應該掌握到什麼程度，他們更不知道隨著教育改革的推進，有些題目形式、內容根本不利於學生能力的提升。他們只是一味地覺得所有試卷都是好的，孩子寫了就是好的，他們更多的是求得自己的心理安慰。

瑩瑩今年上三年級，是一個非常乖巧的小姑娘，學習成績也非常優異，經常在班裡考第一名，媽媽為此感到非常欣慰。但是不知道為什麼，近來瑩瑩的成績開始出現了下滑的狀況。媽媽心裡焦慮起來，覺得必須做點什麼才可以提高孩子的成績。

媽媽首先為孩子找了輔導老師，通過一對一教學提升孩子的學習成績，並且增加了瑩瑩的家庭作業量。媽媽利用週末時間，把市面上瑩瑩可以用得上的所有補充講義都買回家，足足有兩大袋。媽媽放下剛剛五歲的弟弟，專心地陪著瑩瑩寫作業。

媽媽對瑩瑩說：「你的成績下滑了，再這樣下去就是倒數的了，我們必須重視這件事。媽媽和瑩瑩一起努力，好不好？」懂事的瑩瑩用黑黑的大眼睛體諒地望著媽媽，點點頭。緊接著，媽媽在瑩瑩的面前打開了第一本練習冊。瑩瑩一筆一畫地做著，寫完一頁就交給媽媽，媽媽對照答案一一批閱，然後再寫下一頁。

瑩瑩不愧是資優生，從第一頁寫到第十頁，一個錯誤都沒有，媽媽的心情略感平復，找到了一絲久違的踏實感。但是媽媽並不放棄，繼續征戰，第十一頁、第十二頁……時間一點點地溜過，距離放學的時間已經過去三個多小時了，瑩瑩沒有要求休息，期間媽媽讓瑩瑩喝水，也是餵著她喝，好讓瑩瑩繼續寫。寫過的考卷已經厚厚一疊了，瑩瑩沒有喊累，媽媽主動讓瑩瑩休息會，瑩瑩卻說：「我再寫一頁。」

半本練習冊寫完的時候，瑩瑩出現了一個錯誤。有一題句子排序，她前後順序出現了錯誤，媽媽的內心開始有些動搖，「怎麼會？天哪，孩子這樣的題目都不會。」恐慌又佔據了媽媽的心。媽媽睜大眼睛，想知道瑩瑩為什麼會錯。

其實孩子出錯的原因有很多。也許是概念沒有理解透徹，所以在應用的過程中，就會出現錯誤，這屬於「真不會」。也許是孩子解題習慣不好，看題囫圇吞棗，不深入理解題幹的涵義，總是所答非所問。也許是孩子的學習能力較弱，對於題目中呈現的內容無法正確理解，所以不能做出解答和判斷。也許是孩子的學習態度不端正，讀題也好，寫題也罷，都不認真，對對錯錯抱持無所謂的態度。也許是孩子的情緒不穩定，在解題的過程中，心理素質不好，過於緊張。也許是孩子粗心大意。因為馬虎而做錯的概率其實很小，但的確有學生會因為一時的粗心造成錯誤。

對於瑩瑩這樣優秀的孩子來說，一兩次的馬虎是可能出現的。人非聖賢，孰能無過。瑩瑩畢竟才九歲，她的注意力、邏輯力、解題能力等還沒有完全成熟，因為疲勞出現馬虎，而又因為馬虎出現解題不全面或理解的差異，都屬於正常。

一次偶然不代表必然，但是瑩瑩媽媽發現瑩瑩排序錯誤的時候，簡直如五雷轟頂。本來要讓孩子休息不再練習了，但媽媽看到了錯誤，又焦慮地說：「寶貝，你看你這個排序錯了，看來你真的是不會呀，我們再做幾個這樣的題，好嗎？」媽媽溫柔地講著，可愛的瑩瑩望著媽媽，點點頭。

孩子握著筆的小手攥得更緊了，因為長時間握筆而感到手指麻木，如果不使勁握著，筆就會從手裡滑落。她無意識地將頭向後揚了揚，以此舒緩一下自己頸部肌肉的緊張。她把背向上挺了挺，讓自己坐得如鋼板一樣，才能短暫地舒服幾秒鐘。

這樣懂事的女孩兒也許讓所有的父母都嫉妒吧？這樣乖巧的孩子就是父母嘴中的

「別人家的孩子」吧？但是瑩瑩媽媽不這麼覺得，她覺得自己的孩子學習上出現了問題，身為母親她有義務幫助女兒找到問題並改正過來。

是不是孩子成績下滑，就要進行高壓機械性的練習呢？肯定不是。沒有一個人可以保證自己不遇到困難，哪怕是愛因斯坦都會遇到不可逾越的障礙，更何況是一名小學生？根據孩子的學習情況，想辦法幫忙孩子解決困難，我們必須為這樣的父母鼓掌。但是像瑩瑩媽媽這樣誇大孩子的學習困境，進行撒網式地寫作業模式，我並不贊同。

POINT

首先，老師安排課程有其計劃和教育目標，要信任老師的專業。借助各種補充講義對老師講課的品質進行評價，這種做法本身就不科學。

其次，有目標的訓練才會有效果。這樣毫無目的地做題，只會挫傷孩子對學習的熱情，讓他們覺得學習就是不停地做題。而題目做得太多，會讓孩子的心理負擔過重，反而會造成學習成績的下滑。

再者，任何知識的掌握都不是一蹴而就的，即使學生在某一個知識點上理解不到位、掌握得不理想，我們要想提升學生對這一知識點的掌握水準，還是需要一個系統性的學習過程，而不是把一個點無限地放大。

最後，學習是一個漫長的過程。我們常說：「活到老，學到老」，小學、國中、高中這十二年的時間，才占了人一生的七分之一左右，更何況是其中某一天，它在人一生的學習過程中也就是微乎其微的一個瞬間。

只有理性、適當地安排家庭作業，孩子才能健康、快樂、積極地成長，也才可以獲得更多的知識。我們既不要放大孩子的某一個錯誤，也不要無視孩子遇到的某一個難關。父母只有平和地看待孩子成長過程中的苦與樂，才可以真正地幫助孩子成長，也才可以讓自己獲得幸福感。

自主學習，不等於讓孩子自己學習

這個社會有著多元的生活、消費、旅行的方式……同樣，我們的教育方式也是多元的，不僅學校的教育模式不同，每個家庭的教育方式也是各有特點。每對父母在決定孕育寶寶的那一刻，其實已經有了孩子教育的定位，儘管說不清楚，卻一定會朝著這個方向走下去。在孩子的成長過程中，每個家庭都會有不同的教育方向、教育理念、教育手段，只要適合自己的家庭、適合孩子就是最完美的教育。在孩子成長的過程中，無論哪種教育方式，陪伴孩子走一程都是一段必經之路。

孩子需要用一生的時間去認知世界。我們的一生大約有三萬多天，剛剛踏進小學的六歲孩子，是僅僅擁有兩千多天生命歷程的小娃娃。即使是已經十二歲的六年級孩子，他們的生命歷程也只不過四千多天，還是很小。既然孩子這麼小，我們成年人可以幫他做點什麼呢？

有些父母在諮詢我怎麼教育孩子的時候，經常會說：「我要培養他的獨立性。」這個觀點完全正確，孩子是一個獨立的個體，我們最終還是要讓他們自己學會生存，自己獨立地去闖蕩社會，那麼從小培養孩子的獨立性，就是一件非常必要的事情了。但是他們不約而同用了這個詞：「培養」。

什麼是培養？我們可以這樣解釋：培養是按照一定目的，長期地教育和訓練，使其成長。也就是說，培養有三個重要因素，第一是目標，父母的目標要明確——要孩子有獨立性。第二是時間，培養是一個長期的行為，需要持之以恆地堅持才可以達到目標。第三是教育和訓練，這是達成目標的手段，二者缺一不可。

但在實際生活中，「培養孩子的獨立性」又是怎麼一回事呢？

小源是剛剛踏進學校的小一生。進校門的時候，他剛剛六歲四個月，看上去憨態可掬，特別是說話的時候，一本正經的樣子讓人見了就心生喜愛。小源的媽媽是全職媽媽，因為生孩子比較晚，她比班上其他的媽媽們都成熟得多。小源媽媽以前工作能力很強，因為孩子的原因才辭了職，現在只偶爾參加一些社工活動。

小源的年紀在班上是偏小的，又是男孩子，因為相對來說男孩的發育要遲緩於同齡的女孩子，所以小源說話、做事都要比其他孩子慢半拍。比如收拾書包的時候，小源總是分不清哪個大、哪個小，哪個先放、哪個後放。有的時候，他把許多東西忘在了課桌裡，需要老師提醒才可以把書包收拾俐落。再比如他的鉛筆總是會滾落一地，一會兒找不到藍色小象了，一會兒又找不到綠色小馬了。孩子顯露出來的問題是執行能力弱。同樣，這問題也衍伸到了他的學習上，寫考卷的時候他一下忘了左邊題目，一下落了右邊題目。要是遇上學校發通知單，那就更是讓人頭疼，第二天把回條拿回來的可能性基本是零。這是怎麼回事呢？小源的媽媽不上班，按理來說可以全面地照顧孩子，孩子怎麼還會每天丟三落四呢？

後來我瞭解到，小源媽媽因為好幾年沒上班，生活作息時間已經和常人不同了。小源每天放學後步行五分鐘，正好四點到家，這時媽媽要去補個眠，小源就要自己完成老師規定的各項任務，比如讀書、寫作業。只要媽媽告訴他讀什麼、讀幾遍，他就非常認真地自己讀。

一天，小源的老師給同學們出了作業：「閱讀課文〈秋天〉三遍」。小源坐在小書桌前，把書放得正正的，後背挺得直直的，兩隻小手緊緊地握住書本。小源沒有上過學前班，所以注音拼讀不是很熟練，還有點結巴。他讀到：「秋天，天氣ㄌㄧㄢˊ（涼）了，樹葉黃了，一ㄑㄧㄢㄑㄧㄢ（片片）葉子從樹上ㄌㄨㄛˊ（落）下來。天空那麼ㄌㄢˋ（藍），那麼高，一群大雁往ㄋㄞˋ（南）飛，一會兒ㄆㄞ（排）成個『人』字，一會兒ㄆㄞ（排）成個『一』字。啊，秋天來了！」這樣結結巴巴地讀了三遍後，小源跑到媽媽房間，告訴媽媽自己讀完了。媽媽摟過自己的寶貝兒子，在他的額頭上親了一下，誇獎道：「兒子，你真棒，可以自己寫作業了。」

小源聽了媽媽的話，也十分認真地說：「我都可以自己寫作業了，我是不是已經長大了？」小源媽媽滿臉的慈母微笑：「當然，你長大了，你可以自己寫作業了。」「我也覺得我自己長大了，我自己還要再讀兩篇課文。」小源覺得媽媽的評價絕對是對的，所以對自己更加信心滿滿，一路小跑回到自己房間，關上門，因為他不想吵到媽媽休息。然後，他又開始認真地讀下一篇課文。

小源認真完成作業的態度是好的，媽媽想培養孩子獨立完成作業的想法也是好的，但是這兩種好，是否取得了好的效果？小源的讀音錯誤很多，但是媽媽沒有聽到，也許在他的腦海裡「藍」就是「ㄌㄢˋ」吧，「片片」就是「ㄑㄧㄢㄑㄧㄢ」了吧。

「獨立」不是孩子自己就可以養成的，他需要父母的引導，不斷地訓練，才會讓孩子具有「獨立」完成一切任務的能力。我們常說「還不會走就想跑」，要達到跑的目的，就要從學走路開始，要想讓小源自己獨立地完成作業，首先要看他是否具有獨立完成作業的能力。

老師讓孩子在家裡讀三遍課文的目的，就是希望家長能夠幫助老師發現並且糾正孩子的錯音。有人會說，父母都做了，那老師做什麼？還是那句話，每個學生的能力千差萬別。對於小源這樣聲母、韻母還沒有完全區分開的學生，就需要多付出一些努力，而這個努力不能僅僅靠孩子自己付出。

我們對孩子的獨立性進行訓練是對的，但是要達到這個目標，需要有訓練的過程。我會建議小源的媽媽調整自己的作息時間，至少在孩子學習的時候陪在一旁。剛上一年級的孩子還沒有獨立處理複雜問題的能力，對他來說讀書就是一個複雜的問題。

POINT

在讀書的過程中，小源要面對很多檢視：

首先，坐姿是否正確。良好的坐姿對孩子的成長很重要，這可能影響到孩子的脊椎、視力的發育。

其次，孩子的發音是否正確。六到九歲是孩子記憶力最發達的年齡段，他們的記憶力要比成年人好很多。家長告訴孩子一遍，孩子就可以記得清清楚楚。而第一時間對於錯誤資訊的糾正，可以幫助孩子在大腦裡儲存正確的資訊。如果錯誤的資訊直接輸入大腦，日後再進行正確資訊的輸入則會干擾大腦的記憶存儲，造成對資訊的記憶模糊不清。所以，如果小源媽媽在孩子身邊，就可以幫助小源在第一時間糾正錯誤讀音，提高學習效果。

最後是情感陪伴。孩子在成長中，需要有安全的氛圍。對於小源來說，如果讓他少經歷挫折，他會更加自信和陽光。媽媽的陪伴也會讓他獲得一種安全的心理暗示，會讓他感到學習是一件幸福快樂的事情。

獨立性並不是通過一次訓練就可以養成的，而是要經歷若干次相同形式的學習訓練，孩子才可以慢慢強大起來，而這個過程需要父母的引領與指導。

拖拖拉拉的孩子，更不能催

做父母難，做一個能輔導小學生寫作業的父母更難。有報導稱，一位三十幾歲的媽媽在陪孩子寫作業的時候得了心肌梗塞，因為陪孩子寫作業，家裡成了「沒有煙硝的戰場」。有句話說：「不養兒不知父母恩」，也許現在應該改成「孩子不上學，不知父母難」。是什麼讓父母在輔導孩子寫作業的過程中，有如此大的精神壓力呢？很多時候我們當局者迷，但是我相信天下所有陪著孩子寫作業的父母，都是希望孩子能夠優秀，才會不辭辛苦地陪伴，他們肯定都擁有一顆愛子之心。

在陪伴孩子寫作業的過程中，大部分父母並非專業人員，較難借助教育的手段和策略輔助。就連身為教師的為人父母者，也往往因為面對的是自己的孩子，而容易亂了陣腳。俗話說：「醫者不自醫」，即使是教師，陪伴自己的孩子寫作業時，同樣會有很多不符合教育觀點的言行。

在陪伴孩子寫作業的過程中，父母們共有的口頭禪是「快點寫」，或是同樣意思的「抓緊時間」、「別拖拖拉拉」……，都是在提醒孩子寫作業不要浪費時間。

萱萱今年上四年級，學習成績在班級中處於中等水準。英文、國語成績略微好點，能排到班上前十名左右；數學成績略差，在班上差不多要排到十五名。孩子在老師面前，屬於低調的類型，不會和男孩子一起淘氣、擾亂課堂秩序，但上課時也不會專心致志地聽講，手裡免不了玩玩東西，或者和同學用眼神交流。她可以獨立完成作業，正確率在百分之八十左右，和她的成績很吻合。但是萱萱寫作業的時候總是拖拖拉拉，如果沒有家人的監督，四十多分鐘就能寫完的作業，她要寫上兩三個小時。

萱萱的媽媽研究所畢業，是一位公務員，上下班時間相對比較固定，而爸爸在一家私人公司做技術研發工作，經常出差不說，加班到很晚是常態。所以，萱萱每天放學後的時間，基本上都被媽媽承包了。每週媽媽要帶她上兩次英文補習班，回到家後，還要忙著做晚飯。一到家，媽媽就提醒萱萱：「趕緊洗手，快點寫作業，抓緊時間，一會兒還要背英文、練鋼琴，到時又沒時間了。記住了嗎？抓緊時間。」萱萱一邊換鞋，一邊心不在焉地回答：「知道了！」也許此時的萱萱正在想：這麼多事，怎麼抓緊時間都是不夠用的。

萱萱像小蝸牛一樣，緩慢地走進自己的房間，打開自己的小兔子護眼燈，慢慢地拉出椅子，慢悠悠地打開書包，拿出各項作業本，一會兒桌子上就堆成了小山，萱萱有各種作業要完成，英文單字抄寫、英文句型練習、數學心算、運算練習……萱萱還沒有把她的「待辦事項」陳列完，媽媽已經像閃電一樣從門口進來了，有點惱怒地說：「抓緊時間，好嗎？一會兒又弄到十一點，你身體會吃不消的。」萱萱為了顯示自己已經在用最快的速度學習了，也不回答媽媽，直接打開作業，準備寫字。

媽媽是一個做事很俐落的人，很快做完了飯，母女倆開始安靜地吃晚餐。這期間萱萱可以聽一段故事，或者偷看幾眼電視，然後媽媽又會催促著：「你快點寫作業，我把廚房收收，馬上來陪你。」聽到這句話，萱萱書寫的速度比飯前加快了幾倍。

當媽媽坐到萱萱身旁的時候，房間裡達到了絕對的安靜，夜色中只能聽到萱萱的筆尖在本上劃過的聲音，母女二人的鼻息聲都變得格外響亮。每當萱萱停下筆思考的時候，媽媽就會在旁邊說上一句：「抓緊時間，別浪費時間。」萱萱就會立刻停止思考，硬著頭皮繼續做自己似懂非懂的題目。

可是有的時候，萱萱的手就是不受自己的支配，像機器被突然關掉了電源，不受大腦控制地停了下來。而這個時候，媽媽的臉色總是不好，語氣略帶無奈地說：「你怎麼就不能自動自發呢？為什麼總是想辦法拖延時間，難道你和時間是敵人？以前就和你講過，時間對每個人都是公平的，不會因為你的浪費，就多給你一秒，恰恰相反，因為你的浪費，它反而走得會更快。因為你浪費它的時候，什麼事情也沒有做成……」

每當媽媽這樣提示萱萱時間很寶貴的時候，萱萱就會不自覺地停下筆，看著媽媽因為惱怒而飛速張合的雙唇。也許萱萱在思考：為什麼媽媽的嘴裡總是能說出相同的話呢？只要萱萱這樣一發愣，媽媽的情緒就會開始升級，從略帶一絲懊惱變成生氣，兩隻眼睛放出具有殺傷力的冷光。

「聽到了嗎？快點寫！」這回媽媽終於不說道理了，只剩下絕對權威的命令。萱萱就像個戴著腳鐐、手銬的奴隸，不敢再有自我思考的時間和空間。她無意識地微微點一下頭，繼續寫作業。一個晚上，萱萱被媽媽提示「抓緊時間」有多少次，萱萱也數不清了。

在孩子寫作業的時候，父母這樣時刻提醒孩子好嗎？

首先，寫作業是學生將課堂上學習到的知識，借助習題重新展現出來的過程。在這個過程中，學生需要對大腦存儲的資訊進行整合和篩選，哪個資訊是解決哪個問題的，要形成一一對應的關係。這個過程不是簡單的複印過程，需要思維的二次加工。所以父母這樣無休止地提醒孩子注意時間，很容易打擾孩子思考、記憶和理解。

其次，父母的反覆催促會讓孩子喪失自律的能力。孩子的成長並非一蹴可幾，他們每天都會犯錯誤，正是這些錯誤讓他們學習著長大。如果他們總是犯同樣的錯誤，那麼我們就要給予孩子時間和空間，讓他們靠自己的努力去修正這個錯誤，而不是讓父母幫他指點方向。

最後，反覆嘮叨會讓孩子對自己失去自信。一個時刻背負著沉重十字架的人，是不可能面露陽光笑容的。恰恰是父母這份發自內心的關愛，一點點埋葬著孩子的自信心。

父母陪孩子做作業，這本身是個很好的親子互動過程，也是情感交流的契機，但是父母應該相信孩子擁有責任感。特別是經歷了幾年學習的小學中高年級的學生，他們知道作業對自己的意義是什麼，父母要相信孩子有意願把作業寫好。在寫作業的過程中，只要沒有過分的行為舉動，父母就要保持安靜，反覆地叮囑只會打擾到孩子的思考和作業完成的品質。

如果父母一定要說些什麼，換一種表達方式也許會起到更大的作用，比如可以說些鼓勵的話語，在孩子寫完作業時，媽媽可以由衷地讚美孩子：「你今天的速度比昨天快了五分鐘！」孩子因為思考停下來的時候，媽媽可以給予孩子一個信任的微笑，傳達出「媽媽相信你，一定會有解決問題的方法」的訊息。

俗語說，「好言一句三冬暖，惡語傷人六月寒」。父母時刻提醒孩子注意時間，是出於善意，但是因為提醒的方式不對，就不可能達到預期的效果。換一種表達方式，也許會讓同樣的事情有著不同的結果。

父母為什麼不該幫忙檢查作業？

為什麼一件簡單的「陪孩子寫作業」，可以把一大半的家庭搞得雞飛狗跳呢？因為每個孩子都是一顆原子彈嗎？還是真的小「鬼」難纏？靜下來思考，父母為孩子做的每一件事情，到底錯在了哪兒，怎麼會在世界上最親近的人之間引爆戰爭？

幫助孩子收拾書包是越俎代庖；幫孩子決定先完成哪項作業是垂簾聽政；在孩子耳邊不停地督促是缺乏信任……陪孩子寫作業，是父母透過人世間最溫暖的情感，來撫慰孩子面對困難時的膽怯心靈，讓他們擁有安全感；是讓他們在無路可走的情況下，發現身後有一雙最熟悉的大手在支撐著自己，給予更大的勇氣。

對於孩子來說，學習真的是一件很難的事情，他們需要親情的幫忙。而父母往往越了界，用自己的思維綁架孩子，所以在孩子們寫作業的時候爆發一場場家庭戰役。

在這場戰役中，父母們更容易犯的錯誤是——主動幫忙孩子檢查作業。

欣欣今年升上小六，即將成為一名國中生，她有一種即將被解放的感覺。每個孩子都渴望自己能夠快點長大，早點不被父母約束，這是成長過程中很自然的心理狀態。

從小學一年級開始，媽媽就全心全意地照顧著她，每天準備水果、水壺、書包，幫她梳頭，穿搭衣服，全年無休地陪伴她寫作業。欣欣同樣也對媽媽有著很強的依賴心理，她已經習慣了媽媽在旁邊嘮叨「把頭抬高」、「別抄錯數字」、「把字寫端正」……沒有這些聲音，她覺得自己就像沒在寫作業。

欣欣寫完數學作業，就會把作業輕輕地放在媽媽面前，媽媽會認真地幫她檢查。媽媽用鉛筆輕輕地標出錯誤的地方，不管是哪個數字寫得不整齊，還是哪題答得不完整，媽媽都會用各種符號標示出來。欣欣寫完英文作業，也會首先放在媽媽面前。然後再取過媽媽檢查後的數學作業，直接找到媽媽標示的地方。因為六年的訓練，她看到圈就知道是算錯了，擦了再算一次；看到橫線就知道自己填錯了，媽媽還會把正確的答案給她指示出來，她換上即可；看到曲線，她明白了她的算式出現了錯誤，再讀一遍，找到正確的算式。

一份數學作業寫了三十分鐘，錯了四題，但是欣欣只用不到三分鐘就改完了。同樣，國語如法炮製，閱讀填錯了，媽媽會給句子寫上序號，甚至用鉛筆註明哪邊是重點；選項選錯了，媽媽會把正確的圈出來。國語作業寫了三十分鐘，有五處錯誤，而欣欣用兩分鐘就可以改完。英文同樣如此，寫作業大約需要半個小時，錯誤占了百分之十五，而改作業的時間卻不到兩分鐘。這樣高效的學習，都要感謝媽媽的認真呀！

在學校裡，欣欣要改完這些題至少需要半個小時，因為老師只會打個紅叉叉，欣欣自己要反覆檢查才能發現錯誤的原因。往往因為抄錯一個數，欣欣要檢查好幾遍。明明寫的是「5」，可欣欣就是看不到，總是寫成「3」，這種事時常發生，在盲點中轉來轉去，就是走不出來。

很多人都會有這種感受，一方面受心理定勢（Mental Set）[1]的影響，人很難推翻自己的第一印象；另一方面也是孩子們的注意力不足，他們做不到全面的檢查，所以

1. 指人面對某個情境時，忽略情境中的客觀條件，而以其主觀經驗與習慣方式去處理。「心理定勢」能自動化地協助人解決許多問題，但也容易忽略客觀條件的改變，仍然固守舊有的經驗與習慣，反而陷入不知變通的困境。

讓孩子發現自己的錯誤是一件很難的事。這就更要強調最初審題的重要性，只有這樣才能降低錯誤率。

在家和在學校的檢查是不同的，成人發現問題的能力比兒童強很多。在家裡，由媽媽完成檢查的工作，欣欣的任務就是用筆再把媽媽發現的問題重寫一遍而已；在學校，檢查作業是欣欣獨立完成的，是對欣欣發現問題、解決問題的練習。一個是機械性的活動，一個是思維運轉的過程，二者具有很大的差異，哪種方法對孩子更好，結果不言而喻。

在寫作業的過程中，媽媽無論說了什麼，欣欣都會誠懇地接受，從來不和媽媽對抗。曾經有一次她和媽媽為一道題爭論了起來。她用方程式解這題，但是怎麼也算不出來。媽媽讓欣欣用另一個方法試試，可是欣欣很執拗，非要堅持自己的觀點，作業本擦破了也不肯改方法。媽媽生氣了，說：「你不聽我的，我就不管你了。」然後甩手而去，那天欣欣的作業媽媽沒有檢查，第二天作業本上出現了四個叉。這是以前從來沒有過的情況，數學老師還唸了她幾句。所以欣欣再也不敢不聽媽媽的話，她怕媽媽不再幫她檢查作業。

欣欣在寫作業的過程中已經離不開媽媽的幫助了。對於欣欣來說，這是好事還是壞事呢？顯而易見，欣欣一旦離開了媽媽的幫助，作業品質就會下降。為什麼會這樣呢？這是誰造成的結果？替孩子檢查作業，看似是十分負責的家長，其實父母已經無情地剝奪了孩子的權利和義務，同時也放棄了對孩子責任感的培養。

POINT

孩子自己檢查作業可以培養他們諸多的能力：

• 第一，責任感

作業是孩子的，孩子要對作業負有責任。作業是他們的「工作」，現在對作業負責，今後到了職場才能對工作負責。責任心不是一朝一夕形成，要通過長期的訓練才可以獲得。孩子自己檢查作業，不僅可以讓作業的準確率提升，更能訓練其責任感。

• 第二，提升知識的掌握能力

孩子的作業出現錯誤的原因有很多，但主要是因為知識理解得還不夠純熟。

很多父母把孩子作業出錯歸咎於孩子馬虎、不認真，其實這是不正確的觀念，孩子的錯誤有百分之九十都是因為對知識掌握得不夠完整。成績越優秀的孩子，錯誤相對少，是因為優秀的學生對知識的理解、掌握比較準確，所以他們的正確率也會高。而作業中暴露出來的錯誤，正好可以讓孩子二次熟悉知識、二次思考，甚至提煉出某種適合自己的解題方法。

●第三，培養孩子做事認真的態度

在生活中，我們做錯了就要對自己的錯誤行為負責。出門沒有帶傘，就會因為避雨而耽誤回家的時間，因為我們沒有做好行前準備，所以不得不以浪費自己的時間來承擔後果。孩子做作業也一樣，只有自己檢查才可以意識到，要想不耽誤更多的時間，下次寫作業就要更加認真和仔細。只有經過這樣長時間的心理建設，孩子最終才會養成主動認真寫作業的習慣。

第三章

堅持原則，
養出自主學習的孩子

陪孩子學習是一件非常辛苦的事情，對於一個學生家長來說，一個小時的陪伴，不亞於自己一天工作的勞動量，也不亞於一名馬拉松運動員跑完全馬。這是為什麼呢？這就好比一個不懂得象棋的人去看象棋對峙，或是一個不熱愛京劇表演的人去看場京劇演出。我們人對於自己不喜歡或者不擅長的領域，大腦皮層會形成條件反射，加以抵抗。以沒有興趣為前提的任何活動，都像是一種刑罰。正因為陪孩子寫作業很難，所以家長們會想方設法轉移自己的痛苦，然而，正是這種錯誤的方法，讓原本已經很難的「陪孩子寫作業」，雪上加霜。

讓孩子的錯誤，成為學習的開始

目前在臺灣，大部分家庭還是一個孩子居多。無論家裡有一個還是兩個孩子，父母所面對的孩子數量都有限，而且大部分的作業都是在一個小時左右就可以完成的。一天二十四小時，父母只需要撥出二十四分之一的時間陪伴孩子。

近年統計全臺國小班級平均學生數，每班不到二十三人[2]，個別地方人數會有所增減。孩子每天在校的時間大約是八個小時，也就是說一天有三分之一的時間，孩子都是和老師度過。

2. 資料來源：〈國小平均每班剩不到二十三人！五十人以下小校十年增一．七倍〉（二〇二〇年三月四日，聯合報報導）

有一次，一位朋友要參加一年級兒子學校運動會的彩排活動，老師特意發來短信，讓參加彩排的家長帶好水壺，準備好喉糖，並做好指揮一個軍隊的預備。朋友還覺得老師想的太細，似乎沒有這個必要吧，又要準備喉糖又要做心理準備，她為此還跟同事說笑了一番。

可第二天我見到朋友的時候，她的嗓子已經沙啞了。她訴苦說，孩子們排練了兩個小時，她簡直快被這四十多個孩子折磨瘋了。比如讓孩子們站成四排，幾位家長按照高矮排好隊，可是剛從操場中心走到跑道，孩子們的隊形就亂了。領隊的家長說：「寶貝們，趕緊找好位置站好。」孩子們立刻亂成了一團，有的說：「我在他後面」，有的說：「我在誰後面我忘了」，還有的乾脆站著轉圈，完全放棄找自己的位置。家長們哭笑不得，只得二次排隊。

這回有了經驗，她讓前面的孩子看準後面的孩子，讓後面的孩子看準前面的孩子。每個孩子都認真地點頭，表示記住了。可當導師讓她把隊伍帶到指定地點集合時，孩子們一起步又亂了。家長又趕緊說：「寶貝，快找到自己的位置。」剛才的混亂場面又再次上演。一位家長恍然大悟說：「媽呀，難怪老師說要做好率領一個軍隊的心理準備。」

可是當班導出現的時候，所有的孩子都不說話了，眼睛緊緊地盯著老師，老師一喊「一二、一二」，孩子們也跟著喊「一二、一二」，小腳跟著數字有節奏地動了起來。老師嘴裡不停地說：「晴晴頭抬得真高！玲玲聽懂了，走得最整齊；看，第四排的小朋友比高年級的哥哥們走得還好呢。」

朋友最後結論：「我們六個家長沒能指揮好四十個孩子，但老師一個人就把所有的孩子管得服服貼貼，不得不讓人佩服呀！」

POINT

為什麼一名老師可以統領一個班級，而幾個家長卻約束不了孩子？

當然，首先最重要的是老師的專業。面對孩子，老師屬於專業人才，他們有多年的工作經驗，累積了很多招數，他們知道什麼時候應該說話，什麼時候應該不說話。他們身體的每個部位都已經被訓練成了教學的工具，他們的眼神、一舉手一投足，都被賦予了教育的內涵。

其次，是懂得因材施教。每個孩子都是不同的個體，他們的生理、心理各不相同，老師可以針對這些不同的個體，採取因材施教的方式，調整每一個孩子的狀態，從而達到整體的統一。

最後，是老師的愛心。老師不可以動不動就跟孩子大吼大叫，老師有法令法規、學校的規章制度約束著言行，他們熱愛這份工作，對每個孩子都充滿愛。正是這份愛，促使他們會去想辦法解決每個孩子的問題。

而我們父母和老師相比，一是欠缺專業，因為我們不是孩子的教師；二是欠缺方法，每一位父母都是隨著孩子的長大，一邊學習教養孩子，我相信每一位媽媽都有自己的教育法，但是我們的孩子還沒有長大，我們還沒有屬於自己的教育法寶；三是欠缺對孩子的愛，我承認世界上最愛孩子的就是孩子的父母，他們為了孩子的未來，可以傾其所有，怎麼可以質疑這份愛？可問題恰恰就是這份帶著責任感的愛，讓我們迷失了方向。

每一位父母都知道，讓孩子好好學習是為了他好的未來，因為我們愛孩子，所以比老師多了一份擔心，我們擔心孩子錯了一點就會脫離正軌；我們擔心孩子一步沒有跟上，就會被落下很遠；我們擔心孩子會籠罩在失敗的陰影下，不敢前行；我們擔心孩子的一次失誤、一個馬虎、一次懶惰、一次錯誤會影響他的一生……這樣沒有盡頭的、沉重的愛，是每個孩子都承受不起的。好比園丁對待花朵，因為擔心它禁受不住風雨的侵蝕，難道就不讓它暴露在大自然裡嗎？愛得過多，會成為一種負擔，這種沉重的負擔不僅會壓垮父母自己，更會對孩子造成終身傷害。

孩子作業有了錯誤，就讓他錯吧。錯了才可以暴露出問題，錯了才可以知道他上課聽講用不用心；才可以瞭解到是因為知識過於抽象，孩子沒有理解，還是因為思考不周，理解不到位。錯了有什麼關係呢？要是都對，為什麼學校考卷有不同的分數級別？

孩子不按時完成作業，被老師訓斥，訓斥就訓斥吧。難道我們能夠保證自己一生不被人訓斥嗎？似乎不可能吧。孩子因為沒有寫完作業而被老師訓斥，這是他應該接受的懲罰。一個人只有學會對自己的錯誤承擔後果，才可以避免一錯再錯。

孩子寫作業拖拖拉拉，熬到深夜，他願意拖就讓他拖吧。時間不會為他而停留，他磨蹭的後果就是沒覺睡、沒飯吃，這是他需要承擔的後果。

孩子成績糟糕讓人難以接受，差就差吧。這是他付出努力換取的，難道因為他分數差，媽媽、爸爸就要幫他加上幾分嗎？那分數高的孩子是不是就要更高了呢？因為他們的爸爸、媽媽也同樣愛他們呀。他成績糟糕是他自己的事，不是父母的責任，在他的人生道路上，也許還有更多糟糕的成績等待著他。

父母給孩子過多的愛，不僅對孩子沒有幫助，對父母也是一種傷害。我們要接受孩子在成長的道路上出現的各種問題。每個人從出生到死亡都會經歷很多事情，有些事自己都不會記得，小學也罷，中學也好，都是孩子一生的一個驛站，他們出現各種問題都是正常的。我們要積極地應對，合理地解決，但不要去傷害自己、傷害孩子、傷害家庭、傷害親人。

從小訓練孩子「自己的事自己做」

因為陪伴孩子寫作業，而找我尋求幫助的父母有很多，他們遇到的問題，不外乎以下兩種：第一種是孩子成績不理想，父母雖然憂心忡忡，但孩子自己不知道努力；第二種是孩子做事沒有效率，每天浪費的時間太多，耽誤了正常生活。不管哪種現象，孩子都會讓父母產生困惑，乃至引發家庭矛盾。

我們得先思考一個問題，孩子每天一早去上學，下午回家，七、八個小時在學校上課、寫作業，雖然有時候老師會因為孩子的問題找家長溝通，但我敢保證孩子在學校的大部分時間，父母不需要付出太多精力。而孩子在家學習的時間一般在幾小時左右，為什麼父母就無法控制局面呢？我們用學校一節四十分鐘的課和在家裡學習的一個小時做為樣本，為什麼在校學習四十分鐘可以相安無事，而回家的一小時卻戰火不斷呢？

小爽是一名小五生，胖乎乎的像極了他的父親。小爽的個人衛生很差，經常書包裡外都是狼藉一片。他還有鼻炎，特別是春秋之際，鼻炎極易發作，一發作他就會拼命地擤鼻涕。媽媽每天都會在他書包裡放一卷衛生紙，他每次擤鼻涕，都會撕出很長的一段，揉成一大團塞進鼻孔裡，一團一團的衛生紙把他的課桌變成了一個小型垃圾場。

小爽很聰明，但是很懶，懶到筆掉到地上都不撿起來，寧願讓值日生掃走，明天再買。因為他懶，所以能不背的書就不背，能不寫的字就不寫，成績當然也不是很好，是班裡老師的重點「關心」對象。

每天都是媽媽盯著小爽寫作業，媽媽的性格非常好，很少對小爽發脾氣，小爽也非常愛媽媽。每天媽媽接他放學，他都會和媽媽邊走邊講學校發生的事情。到了家，媽媽會第一時間給小爽準備水果，讓他補充維生素。小爽吃完了，媽媽還會貼心地問他：「累不累，需不需要休息一下再學習？」有的時候，小爽會一下倒在沙發上，呼呼睡一陣子；有的時候，他會讓媽媽陪著看一下電視。吃好睡好了，小爽就在媽媽的陪伴下開始寫作業。媽媽幫小爽從書包裡翻出各種課本和作業簿，對照小爽的聯絡簿，逐一完成。小爽寫作業的時候，媽媽會幫小爽整理書包裡的垃圾——擤鼻涕的衛生紙團、橘子皮……清理完垃圾，再幫小爽檢查鉛筆盒裡的文具，尺沒了放把新的，橡皮擦沒了放塊新的……做完這一切，媽媽就會目不轉睛地看著小爽寫作業。

小爽寫一會兒，就會趴在桌子上，媽媽關心地問他：「是累了嗎？要不再休息一會？」小爽就順勢閉上眼睛休息幾分鐘，再繼續寫作業。小爽的聯絡簿上寫著「抄寫四遍第二單元的〈日積月累〉」。他一邊寫，媽媽一邊說：「兩遍了，還差兩遍，加油！」對於媽媽的鼓勵，小爽已經習以為常，仍然我行我素，像蝸牛一樣慢吞吞的。要是累了，還會把頭擱在手臂上歪著腦袋寫。媽媽也從來不會批評小爽，只會幫他把頭抬起來，用自己的手托住兒子的頭。

小爽最不愛做數學題，一會兒計算，一會兒解題，麻煩死了，他計算的時候會說：「媽媽，你幫我把直式算式寫在計算紙上，我來算。」對於這樣的請求，媽媽從來都不會拒絕。媽媽覺得計算是看孩子算得對不對，自己只是幫著兒子抄題，又不是幫孩子計算，所以這樣做一點問題也沒有。

有的時候，遇到畫圖的題目，小爽乾脆往椅背上一靠，指揮媽媽：「先畫一條長六公分的線，開頭和結尾要畫一條短直線……」母子兩人配合得緊密無間。媽媽想，圖是兒子想的，這個圖也應該算他自己畫的了。

小爽在媽媽的陪伴下學會了什麼呢？懶惰！懶惰沒有牙齒，但卻可以吞噬人的智慧。小爽這樣的學習態度，完全是媽媽一天天培養起來的。媽媽心疼孩子可以理解，每個父母都有照顧好孩子的義務，但每一個孩子都是獨立的個體，沒有人有權利剝奪另一個人體驗、感受成長的過程。一旦這些體驗和感受被剝奪，他將一事無成，如同行屍走肉。我們可以愛孩子，但沒有底線的愛，只會把孩子推向懸崖。小爽已經五年級了，仍然沒有生活能力和學習能力，都是因為媽媽無原則的照顧造成的。

POINT

在家裡陪伴孩子學習不等同於驕縱孩子，必須對孩子有一定的要求：

- **第一，自己的事情自己做**

我們都是獨立的人，我們必須學會自己的事情自己做。在家裡陪孩子學習，也要讓他做到這點，哪怕是削鉛筆，哪怕是找一張紙，只要是他自己的事情，必須讓他自己獨立完成。

做為父母，當孩子第一天背起書包上學，他的書包就要自己整理，他的水壺就要自己清洗，他的水果就要自己準備，他的作業就要自己用聯絡簿記錄。父母所要做的是，檢查孩子的作業完成情況，發現孩子存在的問題，提出改進的意見和方案，讓孩子一點一滴地長大。隨著孩子年齡增加，孩子的獨立性要不斷地提高。寫作業用多少時間、什麼樣的作業是合格的、什麼樣的行為是浪費時間的，要不斷地向孩子指出，並給予他改進的方法。

● 第二，獎勵和懲罰並行

獎勵可以激發孩子的學習積極性，懲罰可以讓孩子牢記自己的錯誤。如果只有獎勵，孩子會沒有顧慮；如果只有懲罰，孩子會沒有自信。在孩子成長的道路上，只有通過獎勵和懲罰這兩條小船的護航，孩子才能走在正確的路上。

● 第三，要有明確的要求

任何作業都有它存在的意義，也有丈量它的標準。對於孩子寫作業這件事，從孩子第一天進入校門起就應該明確要求。有要求就要有落實，不能試探著前行，發現問題要趕緊改正。在學校，學生之所以服從，是因為他知道不可以挑戰老師的標準。

● 第四，有要求就要有檢查

父母和孩子約定了要求，就不能讓要求成為空話，要有相應的檢查。父母不能怕麻煩，約定好的檢查方式就要執行到底，不可以朝令夕改。父母只要認真地檢查作業，讓孩子沒有機會可以偷懶，就不會讓要求變成空談。父母和老師最大的不同，在於老師會執行到底，誰的作業沒有交、誰的作業有錯，老師都會一一記錄，所以孩子面對老師出的作業不敢不好好完成，而對父母出的作業就會打馬虎眼。原因不在於孩子不聽話，而是父母讓自己的話變成了空話，失去了可信度。

孩子越大，抱的期望應該越小

俄國作家特羅耶波利斯基（Gavriil Troyepolsky）說過：「生活之所以前進，是因為有希望在；沒有了希望，絕望就會把生命毀掉。」是啊，推動我們生命無休止向前的，就是蘊藏在我們內心的希望。希望讓人有了勇氣，讓人有了無限的動力，希望就像一個神奇的魔法師，把很多的不可能變成了可能。同樣地，當希望破滅時，它對我們的打擊同樣巨大，甚至比希望的力量還要大，它可以輕鬆地將人打垮，摧毀一個人的意志，不動聲色地毀滅一切。

每個家庭迎來小寶寶的時候，都充滿了無限的希望。看著他可愛的臉龐，每一對父母都彷彿看到了家庭的新希望。當我們看著孩子一點點地長大，我們的希望也隨之增加：他會說話了，我們就希望他學唱歌；他會走路了，我們就希望他成為運動健將；

他會算數了，我們就希望他未來成為數學家；他上學了，我們就想像他就是班裡最優秀的孩子……隨著孩子的成長，我們不停地在內心更新著我們的希望。但往往卻是那些不切實際的希望不斷被打破，讓我們看到現實的無奈。

平平今年十二歲，已經上六年級了。他的母親是博士，爸爸是碩士，孩子遺傳了父母的良好基因，他可以輕鬆解答全班同學想了幾天的題目，而且可以用不只一種方法解答。有的時候，老師剛寫完題目，他已經有了答案。遇到有同學不懂的時候，老師也會請他幫忙講題，他的語言表達能力一點不亞於老師。甚至有時老師不會的題，他也可以找到解決方案。

有這樣一個高智商的孩子，哪個父母都會對孩子的未來充滿希望。為了給孩子一個更大的發展空間，媽媽特意賣了房子，換了最好的學區房，一家人從四十幾坪的敞亮大房，搬進了不到二十一坪的小房子。平平不理解，為什麼他要和社區裡從小玩到大的小朋友說再見？平平不理解，為什麼他要從有單獨衛浴的房間，搬到這個不到三坪的小房間？媽媽對此的解釋是：「你要上最好的國中」。

為了實現全家人的希望，媽媽向公司請了一年的長假，想在家裡輔導平平功課，做好平平升國中的準備。媽媽從小到大都是班裡的第一名，懂得很多學習技巧，她要把這些好方法都傳給平平，媽媽相信平平可以比她更優秀。

每天早上六點鐘，媽媽會準時把平平從被窩裡拉出來，讓他背整理好的單字。因為媽媽以前就是在早上背英文的，早上效率高，記得牢。可是平平不喜歡，他喜歡睡懶覺，他總覺得自己睡不飽。媽媽發現他確實睜不開眼睛，於是去查了資料，覺得平平也許是缺鉀的原因，所以她買了大量的香蕉，還讓他適當輔助藥物補充鉀元素。平平也不喜歡英文，他根本不願意背東西。一早起來，媽媽拿著每天準備好的單字卡，借助發音幫助平平記憶，還幫他分析詞根、詞性，可是平平一聽這些就頭痛。媽媽覺得也許是他用腦過度的原因，只要平平一喊頭痛，媽媽就為平平做頭部按摩，但要求平平還得繼續背，不能因為頭痛而耽誤背單詞。平平早上完成不了媽媽規定的任務，媽媽就在他上學的路上，一邊開車，一邊讀給平平聽，以加深平平的記憶。

由於平平起得比平時早，即使第一節課是他最喜歡的數學，他也會打瞌睡，聽不了三分鐘眼皮就開始打架，然後趴在桌子上呼呼大睡。每當老師點他答題，熟睡中的他就會驚醒。平平看看黑板，流利地回答出了問題，老師也就不再和他計較。所以平平上課睡覺的時間慢慢增多了，第一節課睡，第二節課還睡，有的時候一直昏昏沉沉地睡到放學。因為平平一直在睡覺，同學請他解題，他也不願意，總是說：「等等吧。」慢慢地同學不再找他了，他的朋友也變少了。

媽媽的計畫為期一年，詳細到每月、每週、每天做什麼都安排好了。放學後，只要媽媽接到平平，平平就開始了新的補習任務，其中還包括國中的物理。因為媽媽打聽到，國中面試會有物理題，而媽媽是理科生，物理正是自己的強項。每天放學後，媽媽就像平平的私人全科家教，四十分鐘數學、四十分鐘國語、四十分鐘英文、四十分鐘寫作、四十分鐘聽力，平平所有的時間都被一個又一個四十分鐘給打碎填滿。平平看著媽媽整理得密密麻麻的表格就想睡覺，他總覺得自己的大腦再也塞不進一個字了。而媽媽卻恰恰相反，無論是講題還是檢查，都一絲不苟，一點不讓平平偷懶，就連平平上廁所，媽媽也是拿著碼錶。「平平，你已經超時一分鐘了，等等數學補習要延長一分鐘。」、「平平，你已經超時兩分鐘了，你上床的時間就要延後兩分鐘。」平平對媽媽說的所有話都提不起精神，他只想在廁所裡睡覺。

平平在媽媽的密集培訓中，度過了小學的最後一年，最終媽媽如願以償，平平進入了最好的國中和最好的實驗班，但是從此以後，平平成了班裡成績倒數的學生。進入國中後，平平對學習一點興趣都提不起來，上課還是喜歡睡覺。下課後，只要媽媽不在，他能不寫作業就不寫作業；到後來即使媽媽在，少做一題、少寫一頁也是常有的事。英文成績則更糟糕，他只要聽到「英文」兩個字，就想起過去一年不能睡懶覺的早晨，對此深惡痛絕，對漂亮的英文老師也嗤之以鼻。

現在平平上了初二，成績在班裡依然是倒數幾名，媽媽每天焦慮得只能靠吃安眠藥才能休息。

如果一個家庭沒有對孩子抱有美好的希望，是父母的不負責任；但如果父母僅僅是因為自己的虛榮心給孩子訂出不切實際的目標，結果只能是讓人失望。平平天資聰穎，原本應該有一個美好的未來，他在學校、班級獲得了自信，感受到學習的快樂，完全可以遵循自己的內心需求，爬上更高的臺階。但是媽媽為他設定了一個他自己並不清楚的目標，打亂了他的節奏，破壞了他的期望，這讓平平走向了極端，同時也讓媽媽從希望走向絕望。

做為父母，我們有義務為孩子做好人生規劃，但是這個規劃必須建立在孩子自身能力的基礎上，父母要順其性而為之。所以父母在規劃孩子未來時，需要注意幾件事：

第一，期望要建立在孩子已有的基礎之上。父母在給孩子明確方向和目標的時候，一定要實事求是，要符合孩子的原有基礎，過高的要求只會讓孩子自暴自棄，與希望背道而馳。

第二，比起父母的期望，更要重視孩子的需求。父母為孩子做好人生規劃是件必須且重要之事，但當孩子已經有了朦朧的世界觀時，父母要學會尊重孩子，任何期望都應該首先尊重孩子的意見，因為若孩子不認可、不配合，最終得到的只能是失望。

第三，孩子的年齡越小，抱的希望可以越大；但孩子年齡越大，抱的希望應該越小。年齡小，孩子的可塑性就強，你給予他什麼，他就接受什麼。而隨著孩子長大，開始有了自己的人生經驗，如果這時父母完全憑自己的主觀意願幫孩子做出決定，孩子的叛逆心理反而更強。

平和的環境，才能養出情緒穩定的孩子

教育是一門困難的學問。和醫生看病不同，畢竟病人的疾病類型會有相同之處，有可以參考的案例。可教育一個人，卻無法在世界上找到完全相同的案例。此外，造就一個人需要很多因素，環境、家庭、父母、基因等等。可想而知，教育好一個孩子有多難。父母為孩子有所焦慮是可以理解的，因為父母承擔了世界上最艱鉅的任務。

面對孩子，有的人說要保持微笑，用愛的教育來使孩子改變；有的人說棍棒出孝子，該打就要打，該罵就要罵；有的人說孩子不管不成器，必須要嚴格要求；還有的人說，孩子就應該釋放天性，順其自然……哪種教育方式是對的，我不能完全給出答案，但是我知道，教育是有規律可循的，不同的教育對象所採用的方法必然不同。

小威是一名四年級的小朋友，他是班裡最小的孩子，個子也比別的同學小。每天都是呆萌可愛的樣子，小手肉乎乎的，握鉛筆感覺都比別人要多費些力氣。

在學校，小威從來不擾亂課堂紀律，甚至他不能理解為什麼那些個子比他高的男孩子上課一定要說話，聽老師講話難道沒有意思嗎？雖然小威向媽媽轉述老師口頭規定的事情時，常會三句丟了兩句，但小威很聰明，遇到自己不懂的問題就喜歡追問到底，所以學習成績一直在班裡名列前茅。

小威還有一個比他大十歲的哥哥，已經進大學了，四十八歲的媽媽則在家裡專職照顧小威。

每天到家，小威都會自己乖乖地到房間寫作業，只要是老師出的作業，小威一項都不會忘記，即使像朗讀這種老師無法檢查的作業，小威也會嚴格執行，每次朗讀的聲音大到可以讓隔壁鄰居聽到。因為老師說必須大聲地唸出來，才是真正的朗讀。老師也建議孩子們，每天洗腳的時候看幾頁書，小威每次都是一邊洗著小腳丫，一邊拿筆在書上畫線做標記。

但是，小威有時候很執拗，比如做數學時遇到不懂的題，媽媽給他講了一遍又一遍，他還是會歪著小腦袋，說：「聽不懂。」

媽媽就會連比帶畫地給他再講一遍，小威皺著眉頭認真聽著，媽媽講完後，小威還在等媽媽繼續講，他還是不懂。媽媽有點著急，不由得提高了音量，一邊畫圖一邊說一邊列算式，最後講完，算式已經寫滿了整張紙，但小威還是歪著小腦袋，左看右看地說：「聽不懂！」

「聽不懂，就直接寫上答案吧，明天再問老師。」媽媽已經徹底沒了辦法，只好應付了事，可是小威卻不肯放過媽媽，他著急地說：「老師說，父母講的題不懂不能寫，寫了老師也看得出來。」媽媽無語，只好把題再說一遍，小威還是表示不理解。媽媽實在被小威折磨得失去了耐性，說：「你要嘛自己想；要嘛聽明白；不然就先寫答案，明天再問老師。」媽媽下了最後通牒，嚇到了小威，他委屈極了，明明他是按照老師的要求做作業，媽媽為什麼要生氣呢？想到這裡，眼淚刷刷地流了下來，媽媽看到他哭了，心底湧出一股無名火：「有什麼好哭的，不會就別寫！」媽媽如今一點耐心都沒有了。小威聽到媽媽不讓他寫作業了，放聲大哭起來。

媽媽對小威的哭感到莫名其妙，為什麼我都陪他寫作業了，他還會哭？這有什麼好哭的？想到這裡，媽媽越發生氣，怒喝道：「你哭什麼呀？聽不懂說明你上課沒有好好學，你自己不好好學，還要哭，不許哭了！」小威仰著頭望著媽媽，小嘴使勁地撇著，眼淚還是不爭氣地流了下來。媽媽看著小威，不知道為什麼更氣了，對小威說：「去廁所罰站，什麼時候不哭了，什麼時候出來。」廁所的空間很小，小威仰著頭，看著天花板，他自己也糊塗了，為什麼自己問媽媽，卻會被罰？

是啊，小威為什麼被罰，他那麼乖巧、可愛，他只是和媽媽說了自己真實的想法。難道就是因為媽媽講了，他不懂，就要受罰嗎？很多時候，父母不知道為什麼和孩子生氣，孩子更不懂父母為什麼和自己生氣。如果發怒能解決問題就算了，可是往往怒火發了，事情卻沒有任何進展。

POINT

• 第一，父母要懂得控制自己情緒

我們面對的是一個懵懂的孩子，沒有什麼事情值得讓自己發怒。無論孩子是調皮搗蛋，還是不想學習，你都要記得你面對的是一個沒長大的孩子。

我朋友曾分享一件趣事，她給六年級的同學上「賣火柴的小女孩」時，當她提到小女孩渴望得到一個火爐烤火取暖時，就有位同學舉手提問：「小女孩為什麼不去開暖氣呢？我每次一回到家就開暖氣，一下就暖了。」讓朋友當場啞口無言。

還有一個朋友的兒子剛上一年級，有天的語文作業是在「弟弟、哥哥、老師、叔叔」中，圈出不是同一類的詞。孩子圈了「叔叔」，並解釋說：「我覺得哥哥、弟弟可能在上學，所以他們會和老師在一起，而叔叔是去上班，不在一起。」童言童語令大人哭笑不得，孩子的思維受認知所限，想法和成人不同是很正常的事，這時候，我們要懂得換位思考。

● 第二，發怒只會讓理性的人失去理智

很多時候孩子能夠在父母面前承認錯誤，不是因為他們真的知道自己錯了，而是被父母的強勢所壓倒，道歉是出於一種自我保護的本能，只要能夠讓自己不

受到更深的傷害，就暫時認錯了。長輩總愛説：「我一輩子是你媽，你必須聽我的。」是啊，母親永遠是母親，對於母親的話理應聽從，但是聽從等同於認可嗎？

●第三，提供孩子健康的心理成長環境

科學家們做過一個實驗，同樣健康的小白鼠，一隻生活在平和的環境裡，另一隻生活在充滿噪音的高壓環境裡，前者身體很健康，後者早早患上了心臟病。孩子也許不會輕易得心臟病，但是如果他們常年被父母強壓控制，很可能會內心扭曲，影響孩子未來的心理健康。

當父母特別想發火的時候，要儘量克制自己不要去想讓自己發火的事，而是將注意力轉移到能夠令自己心情愉悅的事情上。比如聽音樂，可以讓人釋放不良情緒；洗洗衣服，一般家務勞動可以讓自己的情緒轉化；立刻穿上衣服走出家門去慢跑，運動也是轉移不良情緒最好的方式，壞情緒會隨著汗液的流出而得到釋放；找個朋友説話、打電話，訴説是人們平復情緒最好的手段之一，人們可以借助語言讓壓抑的情緒得到疏導，直至最終化解。

自我對話，也是很好的控制情緒的方法。發脾氣前，在腦子裡至少問自己三

遍：「這件事值得發脾氣嗎？」給自己短暫的時間思考，就可能讓自己冷靜下來。在心底對自己說：「控制住，不要把壞脾氣爆發出來。」嘗試一下深呼吸，可以有效地起到放鬆情緒的作用，讓自己冷靜下來。

也可以採用適當發洩的方法，讓自己的情緒好起來。怒氣在身體裡積蓄會導致人的身心不健康，所以適度地讓自己的情緒發洩出來，能夠更好地調整心情，保證身體的健康。你可以對著鏡子中的自己宣洩脾氣，或者提前和家人約定給自己幾分鐘的發洩時間，但是發洩完後，要向家人表示感謝和道歉。

最重要的還是要控制自己的壞情緒，做為父母——孩子的榜樣和老師，應該學會用一顆平常心去面對壓力、困難，不僅可以提高自己的修養，更給孩子創造良好的成長環境。

¿#! 守規矩的孩子，來自堅持界線的父母

身為父母，我們總是對孩子的安危充滿了擔心：他過馬路會不會被車撞到，他喝水會不會灑一身，他讀書會不會成績不好，他咳嗽了是不是得感冒……孩子在成長的過程中，父母每天都有著一大堆的擔心。但是，你擔心，孩子還是會摔倒；你擔心，孩子還是會犯錯誤。面對孩子的成長，身為父母要懂得順其自然。

壯壯是一名五年級的小學生，就像他的名字一樣，他長得異常結實，有著厚實的肩膀、健壯的肌肉，已經有了一個少年男子的健美體態。壯壯屬於樂觀派，無論發生什麼事情，他都會一笑而過。寫作業馬馬虎虎，成績自然也是一塌糊塗，只有見到老

師的時候，他才會正經一點。

壯壯是奶奶一手帶大的，老人看著自己的孫子長得結結實實的，為此感到特別自豪和高興，儘管現在年事已高，但她還是每天到學校接孫子放學，陪著孫子學習。

奶奶每天接到壯壯的時候，都會習慣性地用手拍下壯壯結實的後背，然後關切地問：「今天有人欺負你嗎？老師批評你了嗎？和同學相處得好嗎？」似乎壯壯每天不是去上學而是去服刑似的。面對奶奶的詢問，壯壯每次都是閉口不答，而是直接提出自己的要求：「奶奶，今天吃烤肉嗎？」對於壯壯來說，其他都不重要，只有好吃的才是最有意義的。

壯壯長得高大，但是膽子卻很小，所以他都會很主動地去寫作業，如果趕上媽媽也在家，奶奶就會負責做飯，媽媽負責看著他寫作業。

沒過一會兒，奶奶就鑽進壯壯的房間，也不管他是不是在思考，開口就問：「烤肉裡還放香菜嗎？」

「不要！」壯壯頭也不抬地順口答道。媽媽卻不樂意了：「壯壯正在學習呢，您別打擾他！」奶奶雖然因為孫子被兒媳婦唸了，但一點兒也不生氣，趕緊躡手躡腳地離開了房間。

「你這裡錯了。」媽媽像一個嚴格的法官，一旦發現問題就會立刻給壯壯提示。「哪兒？」壯壯迷迷糊糊地看了半天，也沒有發現媽媽說的錯在哪兒。「這兒……」媽媽不得不用手指出來，原來是壯壯抄數學題的時候，把「直線」的「直」漏寫一橫。壯壯嘿嘿一笑，自言自語地說：「看老孫來消滅你這個白骨精。」然後用修正帶改錯。媽媽聽壯壯又自己演起來，也忍不住哈哈大笑起來。壯壯看媽媽笑得開心，對媽媽做了一個鬼臉，母子二人其樂融融。

一會兒，奶奶端著一盤剛剛洗好的草莓進來了，說：「今天的草莓特別甜，趕緊嘗嘗。」

「媽，壯壯在寫作業，您別走來走去的，老師說要安靜才能寫好。」媽媽對奶奶的打擾，又表示出了極大的不滿，奶奶連連道歉，「我又給忘了，不來了，不來了。」臨離開前不忘向壯壯說：「趕快吃，很甜！」壯壯才不管老師說還是媽媽說，拿起一個草莓就往嘴裡放。媽媽厲聲說道：「放下！」壯壯看媽媽的神色不對，趕緊放下草莓，趴在桌子上繼續寫作業。「媽媽，你看這題，怎麼也除不盡，我都算了一遍了。」壯壯作業中出現了問題，就會隨時問媽媽，媽媽也是隨問隨答，特別認真負責。

媽媽對照著課本和作業簿，看了又看，又在紙上算了一遍，終於發現了蹊蹺。而壯壯這個時候正在一顆一顆地品嘗草莓，媽媽早把剛才禁止他吃草莓的事情忘到了腦後。壯壯嘴裡塞得滿滿的，媽媽說：「慢點吃，看這吃相，餓了一天似的。」她看著兒子慈愛地笑著。壯壯拿了一顆草莓放進媽媽的嘴裡，母子倆幸福極了！

「媽媽，你算出來了，真棒呀！」吃了幾顆草莓後，壯壯想起來自己的數學題，拿過媽媽的計算過程，抄在自己的作業簿上。

雖然看起來一段溫馨、和諧的親子時光，可是細細品味這樣的陪伴，會給孩子留下什麼呢？學習是一件嚴肅的事情。今日的壯壯一邊吃一邊聊一邊寫，明日的壯壯就可以做到獨立認真地去完成一件事嗎？任何事情有果就有因，正是因為媽媽和奶奶這種陪伴方式，才在壯壯的潛意識裡埋下了「寫作業可以不專心」的種子，所以壯壯才會做什麼事情都不以為然，考什麼成績都無所謂。

正是父母用愛把孩子推向了我們不想要的彼岸，正是父母對孩子不正確的幫助讓孩子一點點地迷失了前進的方向。壯壯的家人需要好好地思考，到底他們要教給壯壯什麼？

孩子如同一株小小的幼苗，小時候你澆水培土，為的是他今後能夠長成參天大樹，但是過於精細的呵護，也會讓小苗產生依賴，抵抗不了自然界的任何風雨。孩子今後要自己面對一切，在他小的時候就要懂得自我努力的重要性。關心孩子是父母的本心，疼愛孩子是本能，但是過多的愛會讓孩子變得懦弱和膽怯，過多的愛會干擾孩子的判斷和抉擇。

面對孩子，我們的陪伴需要堅持原則：

- **第一，讓孩子在安靜的環境下獨立完成作業**

這是最基本的原則，不可以討價還價。孩子一旦進入學習狀態，就要提供一個相對安靜自主的空間。孩子的注意力是很容易被分散的，一旦分散再凝聚起來就會很難。在一個雜亂的環境中，會大大降低寫作業的速度和效率，也不利於孩子養成良好的習慣。

- **第二，鼓勵孩子自己的事自己做**

背書包、削鉛筆這樣的事情，六歲的孩子就可以做到。自己需要的文具，要讓孩子在做作業前做好準備，不可以一會兒找這個，一會兒找那個，這樣不利於孩子高效地完成作業。

●第三，在學習過程中不可以邊寫邊問

要讓他先嘗試自己解決，解決不了的可以寫完作業再和父母討論。寫作業是學習知識、提升能力、訓練思維的過程，讓孩子自己解決問題，是必須要堅持的原則。

●第四，學習是一件嚴肅的事情

學習不同於娛樂和消遣，在這個過程中，我們要讓孩子集中精神，只做學習這件事，說笑、聊天是絕對禁止的行為，走動、起身也要儘量避免。如果孩子學習的時間過長，中間可以安排孩子起身活動，比如做原地跳、深蹲起立等簡單運動，以加速血液循環，有利於大腦的思考；還可以向遠處眺望，或是看看家中的綠色植物，或者做做視力保健操。長時間學習容易讓孩子的眼睛疲勞。學習時儘量不吃食物，因為吃完食物的腸胃會和大腦爭奪氧氣，不利於孩子用腦，不妨為孩子準備溫開水——科學研究表明，水有利於提高大腦思考的速度。

父母教育孩子，就像船在大海中航行。有的時候風平浪靜，有的時候驚濤駭浪，做為掌舵的父母，必須學會仔細觀察前方的海面，做出正確的判斷，給孩子發出正確的指令，才可以讓他們在大海裡安全地行駛。

第四章

用對方法，
點燃孩子學習的熱情

我一位老師朋友曾經說過：「一個老師教幾年級，智力水準就是幾年級。對於一個小學老師來說，他們最大的年齡就是十二歲。」因為老師常年面對相同年齡層的孩子，所以他們已經適應了孩子的年齡特點、理解程度。

而父母不同，孩子們一天天地長大，智識不斷變化，父母要隨著孩子成長，時間又不可逆轉，所以父母比老師更難做。

面對手機的誘惑，父母要以身作則

現在的社會，孩子還不會說話，就已經會玩手機了。有一次我去一個朋友家，朋友的孩子剛滿十個月，他抱著寶寶和我聊天。我的手機響了，剛才一直很安靜的小寶寶開始哭鬧起來。我很困惑，難道是我的手機鈴聲吵到了他？朋友笑呵呵地說：「這個小傢伙看到別人的手機，他就要拿過來玩。你把手機給他，他肯定安靜。」我試探地把手機遞給小寶寶，他果然安靜了下來，用小手抱著手機不肯放。

手機到底有什麼魔力呀？這個時代，手機給我們提供了巨大的便利。無論在世界的哪個角落，只要有訊號，我們的距離就會縮短到耳邊。手機讓我們實現了隨時隨地閱讀、聽音樂、社交、股市交易、娛樂、工作、購物、遠端遙控……手機功能的強大，讓很多人即使上廁所也要帶著它。出門可以忘記帶書包、錢包，但是不可以忘記帶手機。很多人只要手機離開身邊幾分鐘，就開始焦慮不安。

有一次出差，同事的手機摔到地上沒法使用了，因為條件限制，他無法即刻送修，距離會議結束還有一天，同事卻在這最後的一天，基本上不吃不喝，不停地計算著會議結束的時間，好去修手機。

矛盾的是，無論在學校老師的口中，還是在父母的嘴中，我們都會告訴孩子——不要玩手機。父母們自己機不離手，卻不讓孩子碰！

瑞瑞今年五年級，個子不高，黑黑瘦瘦的。瑞瑞很好動，剛入學的時候，就診斷出有輕微的過動症，所以讓瑞瑞安靜地待上一會兒，對父母來說是一個巨大的挑戰。瑞瑞的成績也一直讓爸爸、媽媽頭疼，每次考試後，爸爸都怕接到導師的電話，因為每次瑞瑞的成績都在平均分之下。當然面對老師的兢兢業業，父母心中有些愧疚，但除了說「我們會努力幫助孩子，下學期一定要讓他的分數上來，老師您辛苦了……」，他們也沒有什麼辦法。

天底下沒有父母願意自己孩子的成績在班級墊底，恰恰相反，儘管很多父母都說：

「我不期望孩子多麼優秀，中等就可以了。」但根據心理學的分析，這句話顯示的心態，恰恰是父母不願意讓孩子當個中等生，中等只是他們的底線。所以很多時候，當父母得知自己的孩子成績中等時，表情都是僵硬的，因為孩子只達到自己的底線。

由於瑞瑞成績不好，他的父母不斷地反省，想辦法加強對孩子的管教。他們能想到的第一個方法，當然就是每天陪瑞瑞寫作業，這也是最有效的做法。

瑞瑞爸媽的工作都比較規律，媽媽較早下班，爸爸六點左右也到家了。所以陪瑞瑞寫作業的任務，是爸爸、媽媽交錯進行的，多年來已形成了一種默契。一家人吃過晚飯，就是瑞瑞開始寫作業的時間了，爸爸陪著的時候，第一句話少不了說：「你今天給我好好寫，寫不好，我罰你再寫一遍。」如果是媽媽，她就說：「兒子呀，我們用點心，每天陪你，媽媽的心臟病都快犯了。」面對爸爸、媽媽每天的老生常談，瑞瑞已經麻木了，總是默默地點頭。

瑞瑞寫字速度很快，但是很亂，經常是「3」和「5」都分不出來。爸爸看到這樣的字，總是吼上兩句：「你寫點人能看得懂的字！」瑞瑞寫字的姿勢不好，頭總是壓得很低，前胸緊緊地靠著書桌，整個人就像坐臥版的「匍匐前進」狀態。他的握筆姿勢也有問題，大拇指、食指、中指併在一起，不分前後，鉛筆就像插在石頭裡動彈不得。

爸爸看到了總不免唉聲歎氣：「你怎麼連個筆都不會拿呢？」

於是，瑞瑞還沒有開始寫，就已經被爸爸訓斥得不知所措了，自己也不敢抬頭，儘量控制住呼吸，唯恐哪個小動作被爸爸發現又要被訓斥一頓。也許是爸爸對瑞瑞過於失望，也許是因為瑞瑞寫作業太安靜了，爸爸不由得掏出手機，目光從瑞瑞身上開始轉移到手機，房間裡的空氣開始變得祥和。

爸爸喜歡看各種新聞、玩遊戲。隨著向上滑的動作，爸爸快速地閱讀著一條條新聞。更多的時候，爸爸會戴上耳機，這樣影片就可以在不打擾瑞瑞的情況下播放了。爸爸個子很高，坐在椅子上習慣性翹成二郎腿。當爸爸進入這樣舒服的狀態時，就不再關注瑞瑞。瑞瑞的心也開始放鬆下來，「3」又寫成「5」的樣子，畫直線又開始不用尺，寫錯了也不用修正帶，直接塗成一個黑圈圈。有的時候，還會花上兩三分鐘「修飾」黑圈圈一番……這些爸爸都視而不見，因為此時的爸爸正沉浸在自己的手機世界裡。

如果瑞瑞畫上兩個黑圈圈，爸爸還沒有訓斥他，瑞瑞就會把匍匐在桌子上的小胸膛挺一挺，偷偷地側過頭，看看爸爸在看什麼。如果爸爸還沒有發現，他的頭就會不由自主地向爸爸的手機挪一挪，這時若適逢爸爸在玩遊戲，瑞瑞的目光就會完全停留在爸爸的手機上。只要爸爸不吭聲，瑞瑞就會自動放下筆，大大方方地看爸爸玩遊戲。爸爸也似乎忘記了自己在看兒子做作業，也不會呵斥瑞瑞，父子倆還會聊上幾句關於遊戲的見解。直到媽媽天外飛來一句：「瑞瑞做完作業了嗎？」父子倆才會回過神來，爸爸會嚴厲地說一句：「好好寫作業。」但是語氣已經變得柔和了許多，也許是做了虧心事的原因吧。

瑞瑞的成績為什麼總是上不來呢？爸爸、媽媽每天都「認真」輔導作業，為什麼還寫得亂七八糟呢？我想，手機才是罪魁禍首吧。有的父母認為：孩子寫作業，我也幫不上忙，看看手機，也不打擾他，平常大家都在看手機，也沒有影響到彼此的工作呀！

在「玩樂」和「學習」之間，孩子自然會選擇玩，而手機對孩子來說，無疑是最好的玩伴。有一位母親，說起他兒子和七、八個同學同出遊的故事。孩子們一路走一路聊，很少有人關注身邊長廊上的畫，也很少有人抬頭看看風景。當父母們說休息的瞬間，所有的孩子都拿出自己的手機，或者索要父母的手機，開始上網玩遊戲。手機對他們的魔力遠遠高於成人。

POINT

當孩子寫作業的時候，父母掏出手機，對孩子會有什麼不好的影響呢？

- **第一，分散注意力**

孩子的注意力很容易被分散，他們集中注意力的時間遠遠低於成人，如果身邊再有容易讓他們分散注意力的事物，那麼他們集中注意力的時間就會更短。手機自然是其中一項。

- **第二，潛移默化消極思維**

其次，傳達不公平思想。孩子在學校學習了一天，回到家裡，父母玩手機，自己寫作業，就會讓孩子覺得不公平，這種不公平的想法累積久了，會影響孩子的心態。

我們常告訴孩子，寫作業是一件很重要的事情，而孩子做很重要的事情時，父母卻在玩手機。「可以邊做邊玩」的想法，可能默默侵蝕孩子的學習心態，讓他對「寫作業」也採取不認真的態度。

● 第三，手機中斷了孩子的思緒

孩子學習需要高度集中注意力，身邊的任何事物都會干擾他的思考。安靜、積極的環境，可以促進孩子的思考；負面、嘈雜的環境，會干擾孩子的思維，降低孩子寫作業的效率和品質。

如果父母需要在孩子安靜做作業的時候做點什麼，最好的事情就是看書、寫筆記，或者完成自己的書面工作，讓家如同圖書館。現在越來越多的人喜歡去圖書館工作、學習，是因為圖書館營造了一種良好的學習氛圍。如果父母在孩子寫作業的時候看紙本書或者做筆記，可以在無形中影響孩子，促進孩子更加踏實、用心地寫作業。

坦然接受孩子的「不會」

相信絕大多數陪孩子寫作業的父母，都有過「怒吼」的經歷。無論你學富五車、還是閱歷豐富，面對孩子我們總會無計可施，不得不吼叫一番才能壓制住內心的憤怒；無論我們原來是溫柔可親還是理性冷靜，面對寫作業的孩子，最終都會變成同一類人，只有抓狂怒吼才可以讓自己恢復正常；不管我們開場多麼心平氣和，最後都會失去理性地狂轟濫炸一通。陪孩子寫作業真的這麼容易讓人失去理性嗎？答案是：是的！

云云是四年級的小學生，性格溫和，長得也很漂亮，一雙水汪汪的大眼睛，讓人一看就生出喜愛之情，她的膚色極白，大概童話故事《白雪公主》就是這個樣子吧！

她有一頭黝黑滑順的長髮，是媽媽的最愛，媽媽喜歡把她的頭髮梳成各種髮型，戴上漂亮的小髮夾。如此可愛的小姑娘有誰不喜歡呢？

可是云云學習成績並不好，特別是數學成績，一直徘徊在六、七十分，老師說到了五年級，知識會一下子變得抽象很多，孩子學習起來會更加困難，需要父母更多的引導和幫助。聽了這番話，云云的媽媽似乎一下子蒼老了十歲，她真的想問問老天，她該怎麼拯救她的女兒。

云云知道自己的成績不好，只要提到學習，她的大眼睛就立刻失去了神采，要是誰再多說一句，她的眼淚就會一串串地往下掉。每次考完試拿到成績單，云云都會很痛苦地向媽媽道歉：「對不起媽媽，我又沒有考好……」看著懂事的女兒，云云媽媽的心都快碎了，這時，云云媽媽就告誡自己：「女兒已經很努力了，她是最優秀的孩子！我要好好地愛她，給她更多的愛才可以。」但這樣的自我催眠，只要一件事情就可以被推翻——陪云云做作業。

媽媽在一家公司當人資，上下班時間很固定，每天云云到家後，先自己玩一會兒，等一家人吃過飯，就開始全家上陣幫助云云學習。

云云字寫得很工整，每一個字都很漂亮，國語作業不用媽媽多看也不會出錯。英文作業也是按部就班，按照老師的要求，課文聽三遍、讀三遍、背誦，一切都井然有序。但是一到數學作業，云云就開始緊張混亂，特別是複習卷，從填空題開始會一錯再錯。

她會將十二公頃換算成一百二十平方公尺。坐在旁邊的媽媽，用鉛筆指一下錯的地方：「云云，再想想，公頃和平方公尺的換算比是十嗎？」云云把鉛筆頭放在嘴巴上咬起來，這是她養了四年的習慣，只要遇到不會的題目就開始咬鉛筆頭。云云思考了幾秒鐘，用橡皮擦掉答案，擦得格外用心，一下、兩下、三下……字跡已經看不清楚了，但是她還在擦，直到媽媽說：「可以了，已經夠乾淨了。」她才會用小手輕輕地撣掉紙上的橡皮屑，但也要撣上三、四遍才會停手。

云云之所以這樣做，是因為她已經開始緊張了，因為在她決定擦的瞬間，她並不知道這一題的正確答案是什麼，她的大腦一片空白，她故意磨磨蹭蹭，以逃避面對自己的錯誤，也借此拖延下一個錯誤答案的出現時間。

「十二公頃等於一萬兩千平方公尺」，她又把一個錯誤答案寫在了紙上。她寫每一個零的時候，動作非常慢，她在試探媽媽的反應。「怎麼可能是一萬兩千呢？公頃和平方公尺的換算比是一萬，所以是十二萬呀。這都給你講過多少遍了，你怎麼就是記不住呢？」媽媽看到云云再一次寫上了錯誤的答案，此時她內心除了著急，還有更多的不理解。為什麼這麼簡單的公式云云就是不會呢?這個比例有這麼難記嗎?

「云云，一公頃等於一萬平方公尺，媽媽帶你背過很多次了呀，你怎麼又忘了呢?」與其說媽媽在和云云探討忘掉的原因，不如說媽媽在反問自己，為什麼如此簡單的問題，她的女兒就是記不住?!媽媽的聲音明顯比剛才高了很多：「這回你記住了嗎?」云云眨著大眼睛，使勁地點頭，媽媽的心終於得到了些許安慰。

「兩萬三千公頃等於二十三平方公尺」。女兒再一次寫出了一個離譜的答案，媽媽一下子又變得煩躁起來：「云云，你怎麼搞的，這怎麼可能是二十三呢?它們的換算比不是一千呀!」媽媽的聲音中除了不解之外，還有難以遏制的怒火，「你怎麼可以又記錯了呢?再想想。」

云云的頭又往下低了很多，想了一會兒，她寫上：「兩萬三千公頃等於兩千三百平方公尺」。

「你怎麼搞的，難道你的腦子不是用來記東西的嗎?這麼簡單的問題反覆做、反覆錯，你別學了，學什麼也學不好。」這回媽媽如火山爆發一樣，猛地從椅子上站了起來，聲音似乎要衝破整個房頂，「天天給你講，天天帶你練，我的舌頭都長繭了，你的耳朵就沒有磨出水泡嗎?」

云云抬起頭望著站在面前的媽媽，她覺得媽媽好高呀，就像一個巨人，她怎麼也看不到媽媽那雙原本溫柔的眼睛。云云的眼淚唰地一下流了出來，一邊哭一邊說：「媽媽，對不起，對不起，是我錯了！」看著云云的眼淚如珠子一樣地滑落，媽媽的心一陣陣地疼，眼淚也不受控地流了出來。「媽媽，我錯了，我錯了，我今天一定記住！」云云還在努力地向媽媽證明她能記住。

云云真的錯了嗎？計量單位對於小朋友來說是一個很難建立起來的概念，大面積的單位就更難，因為一公頃到底有多大，我們除了用概念去描述——邊長一百公尺的正方形面積就是一公頃。但是一百公尺的邊長，對於小朋友來說，無法在腦子裡建立起一個具體的形象，他們只知道這是一個很大的面積，一平方公里就更難了，一個無法和現實情況聯繫起來的知識，學起來自然困難。也許大多數學生透過老師對概念的講解，在腦中可以建立模型，還有一部分孩子也許並不能馬上建立模型，但是通過老師反覆地講解、訓練，可以掌握知識，但未必是真正意義上的理解。還有一些孩子，空間感差，很難建立起正確的模型。不是所有的知識孩子們都可以順利地掌握，而且掌握的速度、程度都要因人而異。

媽媽錯了嗎？對於媽媽來說，公頃、平方公里、平方公尺就是一種基本的生活常識而已，因為她已經可以把知識和生活實際結合在一起了，她可以很輕鬆地把知識還原到現實生活當中，而云云學習知識的過程，恰恰是從生活中提取知識的過程，和媽媽的認知是相反的。兩個認知完全相反的人，怎麼可能那麼容易達成理解呢？

其實角度不同，看到的世界就不同，父母應該試著蹲下身來看孩子的世界。曾經一位媽媽和我談到，她的女兒剛進小學一年級，老師讓孩子們用「貼紙」表示這一天的心情。如果過得非常有意思就貼上「笑臉」，如果有點傷心就貼上「哭臉」，如果這一天過得還好，就放上「平平的臉」。同時老師也告訴孩子們，還可以把你的故事畫出來，如果能夠用自己學的注音、國字寫出來，那就更棒了。於是媽媽陪著女兒寫日記。孩子寫：「我很高興！」媽媽說：「你為什麼高興呀？」女兒又寫：「我吃了同學的蛋塔，我很高興！」媽媽覺得還是不滿意：「你為什麼吃人家的蛋塔呀，你要寫出來。」但是女兒這回寫了半天，也說不清為什麼吃別人的蛋塔。一篇日記孩子寫了一個半小時，媽媽生氣極了，下了結論：「這孩子太會拖了！」

真的是女兒太磨蹭了嗎？當然不是，是媽媽對一個剛剛進入一年級的小朋友的要求太高了，他們能用貼紙表達自己一天的心情已經超級棒了。對於孩子來說，能回憶出這一天發生的事情，就是最好的總結。父母再要求孩子把事情寫具體，這已經超出九歲孩子的極限了。

POINT

在陪孩子做作業的過程中，如果發現孩子不會做，父母應該怎麼做呢？

● 第一，問問孩子是怎麼想的

有時候我們看到的是事情的表面現象，而表面下掩藏著實質問題。孩子的答案是錯的，肯定是他的思維出現了問題。讓孩子自己說說是怎麼想的，父母才可以瞭解到孩子到底哪裡有問題。也許這很浪費時間，會更加延長寫作業的時間，但是如果一次就發現了癥結點，清理乾淨，會給孩子今後省下很多的心力。

● 第二，允許孩子作業中有不會的題

一位有經驗的老師曾跟我分享他讓學生喜歡寫作業的秘訣：如果孩子遇到不會的題，就寫上「不會」。他說，作業就是查漏補缺的工具，對和錯都是一種狀態，「不會」也是一種狀態，讓孩子把自己真實的狀態展現出來，才可以針對性地解決問題。我覺得老師的做法很好，為什麼一定要讓孩子都會呢？而不會的又留給誰呢？留給比父母更專業的老師去完成。

● 第三，要蹲下來看孩子

孩子需要來自親人的理解。很多父母覺得孩子的作業很簡單，所以才會看到錯誤就怒火中燒。家長覺得簡單的事情，對於剛剛接觸這一知識的孩子來說，很可能卻是件很難的事。

控制好自己的情緒並非易事，勸人容易勸自己難，但父母只有先管理好自己的情緒，才可以不把自己氣病、氣倒。

● 第四，要科學地解決問題

老師是教育的專業人才，他們可以給孩子更多的教育幫助。父母在輔導孩子的過程中，要想擔任教師的角色，就要借助教育學、心理學、課綱標準等專業知識，提高自己輔導孩子的水準。

比起正解，更該教會孩子「怎麼解」

很多父母在孩子還沒上學的時候，會充滿期望地說：「我只希望他能快樂地成長。」這是多麼美好的願望呀，一個人如果一生擁有了快樂，還能說是不幸福的嗎？當孩子進入學校大門的一瞬間，父母們會這樣描述孩子的未來：「我不奢求他學習多麼優秀，維持中等就可以，只要他做一個正直、善良、誠實的人。」然而孩子進入學校後，開始有了分數的評比，做為父母最不願意看到自己的孩子不是最優秀的那一個，所以他們滿心憂慮，目標定在中等，是為了讓自己的內心壓力不會太大，只是一種心理防衛機制。

當孩子在學校裡學習了一段時間後，孩子的學習狀態昭然若揭，父母們又會說：「他成績好不好我從來不在意，只要他健康、快樂、誠實就可以。」其實是因為父母們已經多次被孩子的成績打擊，為了讓自己的心情能夠保持平靜，先表態不在乎，以便讓自己可以面對更多的壓力和挑戰。當然，隨著孩子年級的升高，當孩子面臨會考、學測的時候，父母們對成績的要求也越來越清楚了。

當一個生命誕生於一個家庭的時候，在那一瞬間，所有的父母都會認為自己的結晶是最優秀的，他們承襲一切的聰明和智慧，他們的孩子會比所有的孩子都優秀。這是人正常的心理，我們都期望自己的下一代超越自己。

華人天性內斂，有的父母把這種期望深深隱藏，不願袒露真實想法。在華人家庭中，投資金額最高的一項就是子女的教育，父母為了孩子的明天願意傾其所有。一出生就讓孩子去學游泳、學社交、學手眼協調；小時候讓他們上最好的幼稚園；孩子進入小學，許多父母甚至放棄工作，專門陪伴，讓他們參加各種才藝班，參加種種測驗；到了國中、高中階段，更是全年無休地讓他們上補習班。父母所做的這一切就是希望孩子比自己更加優秀，生活更加幸福。

所以哪怕再忙，父母們都會抽出時間陪伴孩子寫作業，並且在陪伴的過程中，願意盡自己最大的努力，幫助孩子掌握更多知識，提升學習成績。

麗麗是一名四年級的小學生，她性格乖巧，為人熱情，總是喜歡幫助人。她的個子是班上最小的，所以從一年級開始她就坐在前排。她上課的時候，也許是看不到後面同學在做什麼的原因吧，她總會找個機會扭過頭看看後面。老師講課的時候是這樣，自習課的時候也是這樣，即使是考試的時候，她也習慣性地回頭，為此，老師多次和父母反應。麗麗的成績也不太理想，國語偶爾能夠得到九十分，而數學總在七、八十分徘徊，父母對此非常著急。

麗麗的父親是大學畢業，媽媽是專科畢業，夫妻倆覺得輔導麗麗數學的任務還是交給父親好，所以只要到了麗麗做數學作業的時候，爸爸就會來換媽媽的班。麗麗天生高度散光，帶著一副粉紅色的小眼鏡，再配上雙馬尾，十分可愛。媽媽和爸爸換班的時候，就是麗麗可以略微休息一會兒的時候。她總會趁這個時間撿起玩具玩一下，或者逗逗家中的小貓。等爸爸坐好了叫她過來寫作業，她才一跑一跳地坐到桌子前。

她每天除了要完成老師出的數學作業，還要跟著爸爸做上一頁課外習題。爸爸一直堅信麗麗的數學成績不好，只是暫時沒有開竅，多做點練習一定能得一百分，這種堅定的信念一直支撐著爸爸。

爸爸的性格很好，從來不會因為麗麗摸這摸那而訓斥麗麗，只會提醒她「你要集中精神想」。

第一題：張老師帶了四百六十元，每個籃球九十元，可以買幾顆籃球？還剩下多少錢？

麗麗跟著爸爸一起大聲地把題目讀了兩遍，也按照老師的要求，把條件用大圈圈了出來，然後鄭重地寫下：「460 − 90 = 370」。爸爸保持著絕對的冷靜，說：「不對，應該用 460 除以 90。」麗麗呆呆地點點頭，立刻把自己的答案擦掉，照爸爸說的寫。

第二題：小軍八分鐘走了六百四十公尺，照這樣的速度，他走十五分鐘，可以走多少公尺？

麗麗還是和剛才一樣，讀題、畫圈、列式，這次她記住了爸爸說的「除法」，寫上：「640 ÷ 8 = 80，80 ÷ 15 = 5」……爸爸說：「第一步是除法，第二步是乘法了，應該是 80 × 15。麗麗你要認真讀題，不能瞎猜。記住了嗎？」麗麗使勁點點頭。

不得不說，爸爸的心胸很寬廣，在孩子遇到困難的時候，還能夠保持冷靜，但是這種陪伴是無效的。

父親的做法錯在哪裡呢？他關注解題的結果，卻沒有訓練孩子的解題思維，爸爸只告訴了麗麗結果，但把自己的思考過程省略了。那麼麗麗即使做上一百題，也沒有效果。

一位清華畢業的研究生，卻教不會自己一年級的兒子，這樣的報導層出不窮。父母學歷的高低並不能代表輔導孩子的水準，在現實生活中，很多父母都存在這樣的盲點。他們看到了孩子的問題，試圖用各種方法幫助孩子解決，但是孩子就是聽不懂，導致家裡因為陪孩子寫功課而變得雞犬不寧。

一位媽媽曾經跟我分享她的經驗。她是個劇作家，對語言非常敏感，每天除了創作就是評價別人的創作。而她上五年級的兒子，語文閱讀水準卻糟糕透了，每次考試都至少丟一半的分。她每天在家裡給孩子講閱讀，但是成績始終不理想。後來我告訴她，因為她站在了一個劇作家的高度，她從文章中提煉的感受，不是他的水準所能理解的。儘管她的分析頭頭是道，但是她並沒有告訴孩子是從哪裡分析？怎麼分析？分析的途徑是什麼？分析的模式是什麼？甚至分析的框架是什麼？當我提出這一串問題的時候，她恍然大悟，原來她不是在教兒子，而是自己在完成閱讀，即使她陪孩子讀了很多篇，對於兒子來說卻是一無所獲。

我們在輔導孩子作業的過程中，容易覺得自己已經說得很清楚了，但是孩子就是聽不懂，寫題的時候依舊還是錯，父母的情緒就會慢慢地失控，最終導致輔導的失敗。有時候，爸爸輔導失敗，媽媽還會為此不滿，從而引發家庭矛盾。近年來，因為孩子教育問題而導致家庭失和的案例在不斷攀升，究其原因，大多是父母自己的輔導方法出現了問題。

那麼我們應該怎麼輔導孩子寫作業呢？

• 第一，要讓孩子說

孩子是老師和父母之間的唯一聯繫，孩子在學校聽課，在家裡練習；學校裡講課的是老師，家裡輔導的是父母。老師講了什麼，只有孩子知道，老師講了什麼才是父母輔導的依據。就好比修車，光知道車壞了還不行，還要知道這一品牌車的特點是什麼，這樣修理起來才會節省時間。

在輔導之前，父母要先問問孩子這幾天在學校學了什麼，老師都講了什麼。也許孩子太小説不清楚，就要讓課本「説話」，老師在學校做了哪些練習，這些練習老師是怎麼講的？孩子在小一下的時候，就有了一定的複述能力了，可以試著讓他複述老師的講課過程。

●第二，練習要有效

有些父母覺得只要是練習就是好的，只要多練就是對的。其實不是這樣，做任何事情都要考量是否有效。老師在學校讓孩子學習了十到二十之間的數字，在家裡父母非要讓孩子練習十以內的加減法，這就屬於背道而馳，沒有達到作業該有的複習效果。

有效的練習，是建立在已有的學習基礎上，另外，知識的獲得既需要質的提升，也需要量的累積。像麗麗爸爸這樣，一直練習不同的題型，對於學生來說，學習的強度和難度都會翻倍。

●第三，重視規律的總結

生活中很多現象並非偶然，而有其規律。學習中也存在著規律，老師就是利用各種規律來達到教學目標，這是學習的基本方法。規律的發現不應該靠父母，而是靠孩子自己，比如爸爸要讓麗麗觀察為什麼這兩題都可以用除法呢？當麗麗自己發現了規律，她才可以找到通向成功的大門，也才可以不斷地提升學習的興趣。但如果是父親發現了規律，那是父親得到了理解，對於孩子來說學習效果就很小了。

總之，在陪孩子寫作業的過程中，父母不要把「講懂一題」當做一件很容易的事情，把心態調整好，會讓自己的情緒得到很大的改善。

你也有「陪伴強迫症」嗎？

在讀這篇文章之前，我們先要瞭解一個醫學名詞——強迫症。

強迫症是一種包含強迫觀念（obsessions）和強迫行為（compulsions）的精神病。「罹患強迫症的人會陷入一種無意義、且令人沮喪的重複的想法與行為當中，一直希望結束卻又無法擺脫這些強迫觀念和行為。」[3]

之所以提到這個詞，是因為我在和很多父母溝通的過程中，都發現有些父母有著「陪伴強迫症」。也就是說父母為了讓孩子達到自己的標準，會不停地為孩子進行各種張羅，卻傷害到孩子的身體和心理健康。這種強迫症不僅摧殘了父母的心理，同時也破壞了孩子的快樂，影響家庭的和諧。這並非被公認的醫學名詞，但卻是很多父母陪孩子寫作業時，感到特別痛苦的原因之一。

小志是一個三年級的男孩，他戴著一副圓圓的眼鏡，有著圓圓的臉龐和圓圓的鼻頭，不少人戲稱他是「哈利波特」。小志的學習成績一直是班裡的前十名，他們班是三年級中最優秀的班級，導師自豪的說，班裡每個孩子都是資優生。

從一年級開始，小志媽媽每天接他放學後，都會先帶他去公司把作業寫完。因為媽媽下班時正趕上尖峰時段，從家到學校的路程壅塞不堪，要花費很長時間才能到家。所以媽媽就會帶著小志在辦公室裡吃晚飯、做作業，等尖峰期過了再回家。那時到家基本都晚上八九點了，小志也該上床睡覺了。所以，家對小志來說，更像一張睡覺的床。

媽媽對小志非常負責任，每次都會認真檢視老師對家長的要求和建議，特別是老師提出的陪寫作業要求，更是會逐項落實。一年級的時候，英文老師要求每天要把課文聽五遍，聽完再讀五遍，然後背誦下來。一課有三個部分，第一部分是課文聽力；第二部分是課文中的重點文法，以此加強口語練習；最後一個部分是單字，每一課的單字都不多，就兩到四個。小志媽媽每次都一項項地陪著孩子完成，放錄音的時候，

---

3. 引用自維基百科。

小志媽媽就像英文老師那樣要求小志認真聽，還會觀察孩子的眼神是不是在用心聽，如果發現孩子走神了，就要再來一遍。

小志背東西不算快，儘管每篇課文只有三、四句，但孩子背起來還是很費勁。小志媽媽為了幫助小志記憶，就一邊翻譯，一邊帶小志一個單字一個單字地背。有的時候背下一篇課文要花上四、五十分鐘。小志還好，但媽媽的嗓子已經燒聲，因為她不僅要提示小志，還要一遍遍地配合小志背誦，有的時候還要幫助小志還原課文情境，像小學生一樣和小志一句句對話。

一篇課文通常會有一、兩個文法，小志的單字量少，經常是想到句子但不會說。小志媽媽的英文也不好，有些單字她也沒有學過，只能一邊查手機一邊為孩子講解。只要課本提到的單字，媽媽都會記在筆記本上，和小志坐公車的時候再一起背。

小志媽媽就像在寫自己的作業般認真，遇到她不會的，她會放下架子主動聯繫老師，老師每次講解，她都會仔細記錄下來。因此，從一年級起，小志每天放學後的溫習時間都不少於三小時。當然這其中也包括小志才藝班的作業，媽媽也會一一陪著他做完。

有時小志累了，不自覺地趴在桌子上睡覺，媽媽就會親切地摸摸小志的頭，給小志鼓勵，小志也會順從地起身。有的時候同事也會因為各種原因帶小孩來辦公室，小志雖然很想和其他小朋友玩一會兒，可是每當他看到媽媽眼睛裡的「不允許」，就再也不提了，而是可憐兮兮地望著那些跑進跑出的孩子。

小志已經習慣了媽媽說什麼他做什麼的生活，媽媽也會常常直接表揚他：「你是世界上最聽話的孩子。」但是隨著小志年齡增長，到了三年級時，小志開始有了反抗意識，他不願意在媽媽的辦公室裡學習，儘管辦公室裡的燈光很亮，儘管辦公室裡沒有外人，但是他就是不高興。媽媽讓他每天做五題奧林匹克數學題，他做了三題就不願意再做了，原因是太難了，想得頭疼。

每天媽媽都會讓小志把所有學過的字都默寫一遍，小志覺得在學校已經寫過了，何必再寫？有的時候小志提到同學們正在追的動畫，媽媽就嚴厲地訓斥他：「好好學習，看什麼動畫！」小志覺得格外委屈，為什麼別的小朋友可以回家，他不能？為什麼別的小朋友可以聊動畫片，他不能？為什麼別的小朋友可以不用聽寫英文課文，他必須聽寫？矛盾開始在小志和媽媽之間滋生，媽媽覺得小志越發難以管教了。

起初媽媽還跟小志講道理，後來面對小志的問題，媽媽就直接回答：「不可以！」再後來，媽媽開始威脅小志：「你要是再不乖我就不要你了！」小志很委屈，「為什麼我都這樣聽話了，還是不乖？」媽媽就會說：「你們班上那麼多優秀的同學，哪個不比你懂事？哪個不比你成績好？你有什麼理由鬧？」媽媽也覺得很委屈，為了小志，她下班不能回家，每天在公司的時間比別人長了很多，都成了義務加班，不能回家陪著老公看電視、吃晚飯，她的幸福生活找誰要呢？想到這些的時候，媽媽就覺得這輩子的美好時光都耗在兒子身上了，母子倆之間時時散發著濃濃的火藥味。

小志錯了嗎？小志是個九歲的孩子，孩子就該有娛樂，孩子就該玩耍，孩子就該感受溫馨家庭、幸福生活。

媽媽錯了嗎？她放下自我，全身心地投入到孩子的教育中，這一切僅僅是希望孩子能夠學習順利，成績優異，未來不會落在別人後面。

到底錯在哪呢？

POINT

首先，孩子健康成長是一個漫長的過程，在這個過程中，孩子們要通過各種事物去感受生活是什麼，而不能單純地把學習當成成長的唯一目標。這樣單調而乏味的童年，會讓孩子的身心變得不健康。

其次，孩子每天學到的事情很多元，面面俱到未必是好事，我們需要幫助孩子完成他必須承擔的任務，也有義務幫助孩子梳理出重點，要讓他的生活豐富而不是樣樣精通。

第三，要給予孩子自己的時間、空間，要讓他們有自己的世界，要讓他們通過自己的努力，去探索更多更有趣的事情，不能用大人的期待把孩子的世界填得滿滿的，一絲縫隙都沒有。

父母過於緊迫的陪伴，對於孩子來說是一種捆綁，反而不能讓他們更好地成長，無法讓他們的個性得到最大限度的發揮，從而扼殺了孩子探索知識的積極性。

做個「先為自己戴上氧氣罩」的父母

相信絕大多數坐過飛機的人，都知道在飛行過程中，如果發生氧氣罩脫落的狀況時，父母一定要優先為自己戴上氧氣罩，才可以為孩子戴上。其實，第一次聽到這個規定時，我頗不能理解。孩子不是需要先被照顧的嗎？為什麼在這裡卻要父母先自己戴上氧氣罩？

一位空姊為我解釋：「人缺氧一會兒不會有什麼事，如果成人先戴好面罩，即使這時候孩子缺氧昏迷了，你再為他戴上面罩也不會有事。如果你先給孩子戴，很可能自己還沒戴好就昏迷了，而孩子卻不知道該怎麼幫你戴面罩，就會造成嚴重後果。」

不得不說，我們生活中與之相似的道理太多了。正如同父母要先照顧好自己，才能有更多的精力照顧孩子。

小翰是名五年級生，今年十歲半。他的爸爸是公車司機，上早班時四點就要起床，上晚班時十二點才回到家。為了配合工作，整個人的作息時間和家裡人都不一樣。

小翰是班級裡的搗蛋鬼，長得又瘦又高，父母經常被老師請到學校處理孩子的問題。爸爸、媽媽也是無數次地警告小翰，有的時候爸爸氣極了會痛打他一頓，但是過不了幾天他又故態復萌。小翰的學習成績也不是很理想，分數就像坐雲霄飛車般上上下下，有這樣一個孩子，他的父母確實要比別人費心費力得多。

小翰媽媽在超市工作，也分上、下午班，所以媽媽就和公司商量好，和爸爸的早晚班錯開，這樣孩子每天都有人陪著，避免孩子的學習狀況每況愈下。

無論是爸爸還是媽媽，陪小翰寫作業都很耗體力。他很少能老老實實地坐在椅子上學習，不是一下要上廁所，就是一下要喝水，每每浪費半天。小翰爸媽不會答應他的每個要求，但他從父母的話語中，能聽出什麼時候爸媽不是鬧著玩的，所以這時如果父母很嚴肅地說：「不可以，寫完再去。」他也就不再出聲了。但是過一會兒，他又會說：「我需要買把新的尺，刻度不清楚，沒辦法量出長方形的邊長。」爸爸會親自檢查，發現是真的不清楚，就會自己替小翰下樓買文具。目的達成，小翰就可以舒舒服服地待上十幾二十分鐘了。

因為小傢伙總是這樣折騰父母，所以後來爸爸、媽媽對他的一切要求都說「不！」，可是一旦爸爸拿出手機，他立刻就會豎起耳朵，通過細微聲音，來判斷爸爸在用手機做什麼。如果爸爸乾脆不碰手機，就坐在一旁看著他寫作業，因為生活不規律，爸爸一下就會打瞌睡。爸爸用手抱著雙肩，盡可能地找到一個舒服的姿勢，然後閉上眼睛瞇會兒。

一到這個時候，小翰就是個沒有人看管的自由人，他才不會認真寫作業，他會左右手各拿一枝筆，玩起鉛筆大戰，玩得興起時，還會用橡皮擦搭城堡，敵我雙方開始互相攻擊；有時候小翰會在書上畫小人，把課本畫成了漫畫書。總之，他總能在爸爸閉目養神的時候，找到各種娛樂，當爸爸一陣呼嚕聲響完，睜開眼睛看到小翰沒有寫幾個字時，就會怒氣上升，大吼一句：「你給我寫作業！」

聽到獅吼聲，小翰明白「好漢不吃眼前虧」的道理，暫時安靜下來，用心地寫上幾題。但是過不了十分鐘，爸爸又會換一個姿勢，進入新的一段呼嚕奏鳴曲中……

如此循環往復，最終小翰的作業什麼時候能完成，就看爸爸打幾次盹來決定了。

如何在休息和陪伴孩子的時間中取得平衡呢？我認為：

●第一，父母該休息一定要休息

人首先只有照顧好自己，才能有精力去照顧他人，如果自己的身體垮掉了，那麼就不是簡單地不能陪孩子學習這樣的事情了。

●第二，父母無法配合時間時，可以鼓勵孩子試著獨立自主

每個人的潛能無限，沒有研究證明，陪伴孩子寫作業就一定是最好的教育方式。和孩子事先約定，如果他自己能夠獨立完成作業，就給他一定的表揚和獎勵。約定的內容必須是父母和孩子雙方都同意，才能體現約定的公平性。約定的內容一定要具體，要有量化的標準，不能言語模糊，要盡可能地把孩子作業中常遇到的問題具體列出，便於一一檢視。當孩子達成了就要給予孩子肯定；如果沒有達到，也要有相應的懲罰措施，這樣孩子才有積極落實的動力。另外，約定要隨著孩子的學習狀態加以調整，不能始終一成不變。

為孩子打造專屬的學習空間

在學習上，父母可以給孩子最大的幫助是什麼？是安靜的學習環境。

我們都知道「孟母三遷」的故事，就像魚兒需要在水裡才能生存，植物需要在陽光充足的地方才可以長大一樣，孩子的學習環境是非常重要的一環。

「學習」一詞是由「學」和「習」兩個字組成，最早由孔子提出，他說：「學而時習之，不亦說乎？」意思就是：學習新知，且經常溫習，難道不是一件很愉快的事嗎？維基百科則寫著：「狹義來說，是通過閱讀、聽講、研究、觀察、理解、探索、實驗、實踐等手段獲得知識或技能的過程，是一種使個體可以得到持續變化（知識和技能，方法與過程，情感與價值的改善和升華）的行為方式。廣義來說，是人在生活過程中，通過獲得經驗而產生的行為或行為潛能的相對持久的行為方式。」

而在這一過程中，安靜的環境是非常必要的因素。因為當人們的大腦頻率處於 α 波時，正是學習的最佳狀態，人的意識清醒，但身體卻是放鬆的，它是意識與潛意識的「橋樑」。在這種狀態下，身心能量耗費最少，相對地腦部獲得的能量較高，運作就會更加快速、順暢、敏銳。

月月是一名小學三年級的女生，屬於好動型，有什麼風吹草動都想一探究竟。上課時，教室外面傳來任何響聲，就算老師唸了她無數次，她還是會豎起耳朵看一看。

月月的父母工作都很忙，主要由奶奶接送上下學，每天放學後也是奶奶陪伴她學習。奶奶今年六十八歲了，身體還算結實，但是人老了總是會忘東忘西。

月月每天到家都會打電話給媽媽報平安，媽媽會叮囑月月好好寫作業，像答錄機重複著同樣的話語，月月也總是機靈地回答：「我一定好好寫作業，媽媽早點回來呀！」

月月是個有點小聰明的孩子，學習成績一直不好不壞，但學習還不算太費力。月月寫作業也從來不用奶奶催，只要放下電話，就會趴在客廳的大餐桌上開始寫。每一項作業她都會大聲地讀出來：「第三課詞語每個寫一行。」既是給自己聽，也是給奶奶聽。

因為奶奶不像媽媽會坐在桌子旁陪做作業，而是一會兒去廚房看看煮的粥，一會兒又去陽臺收衣服。無論奶奶去哪個房間，客廳都是必經之路。

每次奶奶出現在客廳的時候，月月都會抬起頭和奶奶說上一兩句，奶奶也會認真回答。奶奶剛要去陽臺，月月說：「您把我的制服洗乾淨了嗎？昨天晨晨給我畫了一條紅筆，他總是欺負我。老師罵了他。」奶奶認真地回答：「洗了！是不太好洗，髒的地方來回揉了半天。這孩子怎麼總是欺負同學呢？」

當奶奶拿著抹布去媽媽房間的時候，月月又說：「您今天沒整理媽媽的房間嗎？」奶奶停下腳步說：「擦了！早上用乾布擦，現在用沾了酒精的濕布再擦一遍。你趕緊寫作業，寫不完，你媽媽回來罵你，我可不管。」

當奶奶不知為何在客廳轉來轉去時，月月說：「您幹嘛一直轉圈圈？」奶奶也覺得莫名其妙，說：「我也想不起來要做什麼了，好像是要找什麼東西，又忘了。」

每天月月寫作業的過程，就是奶奶來回穿梭的過程。奶奶年紀大了，總是閒不下來，一會兒忙這個，一會兒忙那個，對小孫女又是言聽計從，只要有問必有答。有的時候明明二十分鐘就可以完成的作業，月月要寫上一個多小時，有時甚至和奶奶一起在家裡來回穿梭。當然每次媽媽回來問：「今天作業寫得怎麼樣呀？」月月都是驕傲地回答：「非常好，都寫完了。」然後高高興興地拿給媽媽看。而媽媽檢查後，總是會發現一堆問題，諸如生詞的注音抄錯、算式的數字對歪了，有的時候居然一道題就做了一半，後面就忘了寫了。為此，媽媽沒少唸過她，也給了她處罰。可是媽媽從來沒有發現問題到底出在什麼地方。

月月奶奶每天在她身邊來回穿梭，不利於月月深入思考，即使作業中沒有錯誤，也不代表是月月的最佳學習狀態。如果長時間養成這樣寫作業的習慣，孩子的無效學習時間就會增加，因為她無法集中全部精力，大腦沒有進入深層思考的狀態，寫作業也只是動筆，而沒有動腦，學習的效果並不好。

POINT

我會建議月月的家人要從以下幾個方面改善：

- **第一，為孩子準備一個專門的學習場所**

客廳是開放空間，並不利於思想和精神的集中，月月應該在屬於自己的空間學習，比如自己的臥室、書房等，才利於孩子學習，而且環境擺設要單調，只保留和學習有關的內容。

●第二，陪伴者要儘量保持安靜

孩子學習的過程不僅需要自己靜下心來，也需要外在的環境配合，奶奶的進進出出破壞了安靜。奶奶應該在孩子寫作業前，就處理好一切需要走動處理的事情，在孩子做作業的時候，家裡人也保持相對靜止的狀態，避免孩子分心。

由內而外的安靜，才可以讓孩子學得好，「靜心學習」的「靜」是指人內心的靜，只有靜下來，注意力才會高度集中，才利於思考，頭腦運轉更快，思路更敏捷，更容易獲得學習靈感，提高學習效率。除此之外，外在也需要靜，也就是學習環境需要安靜，所以在很多學習的場合，都有「靜」的標示。只有做到內外兼靜，學習者才可以在學習過程中，集中精力，不受干擾，保證學習的效率。

第五章

改變孩子未來的六大要素

很多父母為了孩子可以傾其所有，更何況是「陪孩子寫作業」這種小事呢？「不養兒不知父母恩」，在為人父、為人母後，才會真正感受到養育孩子的不容易。可惜的是，因為是第一次為人父母，倘若我們太過重視這份責任，對孩子過多地付出，反而害了他們。

專注力：營造好的學習環境

很多父母都有孩子注意力不集中的困擾，也想從我這裡得到解決的技巧和方法。孩子做事經常三心二意，比如一邊做作業一邊吃零食；或者作業沒做完就跑去玩，就算一直告訴孩子要專心也沒用，但又苦惱找不到原因。

學習是一個「發現問題、解決問題、歸納提升」的科學過程。學習本身就是一門包羅萬象的大學問。要想做好這門學問，不可能一氣呵成，它應該是螺旋上升的過程，遇到問題，解決問題，然後才能有收穫和進步。但是在這個過程中，要做好每個節點，就需要每個學習者高度專注。

孩子在學習的過程中，總是容易分心，到底是什麼原因造成的呢？

婉兒是一名四年級的學生，用導師的話來形容：「孩子也不笨，就是小動作太多，一根頭髮都能玩一節課。」因為這樣的學習習慣，孩子的成績也是馬馬虎虎，忽高忽低。

大部分陪婉兒寫作業的是媽媽。婉兒從小就是長髮，因為她愛玩頭髮，所以很早以前媽媽就讓她把頭髮綁成馬尾，沒得玩了總可以專心寫作業了吧？婉兒的父母都是高度近視，所以他們最怕孩子也早早地戴上小眼鏡，孩子寫字的姿勢一直是他們關注的重點。但是婉兒的坐姿並不好，後背挺不起來，總是不自覺地就低下了頭。「婉兒，把頭抬高，注意眼睛。」從小學一年級開始，媽媽每天不知道要重複這句話多少遍，但是婉兒的頭還是一點點地垂了下去。一升上四年級，婉兒就戴上了兩百度的近視眼鏡，對此媽媽一直很自責，認為自己沒有照顧好孩子，所以每天陪婉兒做作業時，就更加關注婉兒的坐姿了。

「把頭抬高！」有的時候，婉兒正在思考題目，媽媽一說這句話，婉兒的身體就會不由自主地抖了一下。婉兒的全副精神都集中在題目上，已經忘了旁邊還坐著媽媽。要達到完全忘我的狀態，只有在精神高度集中的情況下才會出現。也只有這個狀態下，孩子的學習效率最高，是極佳的自我思考、自我提升過程。

然而，婉兒被媽媽的一句「把頭抬高」打斷了思路。媽媽再一次補充：「把頭抬高，你剛上四年級，眼睛就兩百度近視了。」婉兒聽懂了媽媽的話，點點頭，可是低頭一看作業，剛才想的都忘掉了。婉兒眨著大眼睛，試圖讓自己再次進入剛才的狀態，但是卻怎麼也找不到靈感了，她只好重新開始思考。

媽媽不僅嘴巴上會提醒婉兒把頭抬高，動作上更是頻繁。當媽媽發現婉兒的頭剛剛低下一點，就立刻伸過手托著婉兒的前額，就像一個固定的視力矯正器，要這樣托著幾分鐘才肯放開。婉兒的額頭被媽媽的掌心托著，同時媽媽的手臂也擋住了婉兒的視線，婉兒不得不把頭略微側過去一點，用斜視的角度看著書本。媽媽的手心很溫暖，舒服得讓婉兒已經忘記自己在幹嘛。

婉兒寫作業的思路，就這樣一次次被媽媽「把頭抬高」的警告和愛心的手掌給打斷。慢慢地，婉兒也不願意專注地去想問題了，反而媽媽提醒她的時候，她就把頭抬高，也會和媽媽回應一句俏皮話，然後漫不經心地繼續寫作業。

婉兒媽媽也許並不知道，分散孩子注意力的元凶之一，就是她自己。孩子就像一個沒有長熟的葫蘆，你給她套上什麼樣的模具，她就會按照什麼樣的形狀生長。因為媽媽不停地分散婉兒的注意力，讓婉兒不能做到長時間的集中，那麼她今後集中注意力的時間也會短於其他同齡的孩子。

不同年齡段的孩子，注意力集中時間是不一樣的：

- 三歲以前，孩子的注意力非常分散，很容易被外界的東西吸引，父母能做的就是和孩子一起做他感興趣的事情，這時是培養孩子注意力最好的時機。
- 三到四歲是幼兒早期，這時候孩子可以將注意力集中於某物上，但這需要引導。然而，他們集中注意力的時間不長，穩定性差。有研究表明，就是在教育條件特別好的情況下，此時孩子的注意力集中時間也只有三到五分鐘，而且他們的注意範圍小，分配和轉移能力差，所以老師在課堂上都是抓緊時間講重點，然後才用接下來的時間讓孩子自由活動。
- 四到五歲是幼兒中期，這一階段的孩子生理發育進一步成熟，知識經驗不斷增加，尤其是語言的發展，這就為孩子的有意注意（有意識的注意）提供了發展條件。此時，孩子的注意力集中時間可達到十分鐘左右，進步是不是很大？
- 五到六歲是幼兒後期，如果條件適宜，注意力集中時間會達到十到十五分鐘，範圍也不斷擴大，穩定性增強。

- 七到十歲的孩子已經開始進入最初的學習階段，這個時期的注意力相對比較集中，最久可達二十到三十分鐘，但仍然很容易受到周邊環境影響。

POINT

父母在陪孩子學習的時候，與其在旁邊嘮叨式地輔導和說教，不如為他營造一個安靜的學習環境。例如看電視、聽廣播、聽音樂、和鄰居聊天，甚至夫妻間拌嘴、吵架等行為都應該儘量避免。

當孩子學習的時候，我們不妨拿本書坐在旁邊和他一起學習。尤其是對年齡小的孩子，這利於養成他們專心致志學習的習慣。同時，我們還能在孩子面前樹立一個好榜樣（特別注意的是，我們手裡拿的一定是書，不是報紙、雜誌，因為在孩子看來，看報紙、雜誌不是學習，而是消遣）。

孩子不能專心學習時，我們也不要在一旁嘮叨，而是用簡練的語言予以指正。

如果他學習的時間過長，我們可以適當讓孩子放鬆一下，適當的休息才可以讓孩子的學習效率更高。當大腦得到休息，才可以更好地學習。

自信：放大檢視孩子的優點

我小時候非常喜歡看一部動畫電影《回聲》，講的是一隻小兔子來到山裡，當牠說話不客氣的時候，大山那邊的人說話也不客氣；當牠有禮貌地說話時，對方說話也有禮貌了。這寓意可以引申為，為孩子種下善良的種子，就會收穫善良；為孩子種下自信的種子，收穫的就是自信。

有句話在教育界被很多人推崇──「好孩子是誇出來的」，相信很多父母都聽過。但是能夠正確誇孩子的父母並不多，而被父母誇出來的好孩子就更少了。父母都懂得讚美，但是讚美往往都給了別人家的孩子。父母與自己的孩子朝夕相處，就更容易發現自己孩子身上的缺點，而忽略了他們的優點。

有天，一位家長一直向我哭訴，說她的孩子太糟糕了。兩個小時之後，我開始問她：「你難道沒有發現自己孩子的優點嗎？」她支支吾吾地說：「優點肯定有，但是不像其他小朋友那麼突出。」我微微一笑，幫她分析：

第一，她很有責任心。責任心是一個人成功的基石。她有個小她一歲的弟弟，儘管自己還不到七歲，但是儼然是個小大人了。媽媽工作的時候，會把姊弟倆一起放在公司的休息室，姊姊就陪著弟弟一起玩，這期間她要帶著弟弟上廁所、給弟弟喝水，還要管教弟弟。當弟弟把書推到地上的時候，姊姊會要求弟弟把書撿起來，並且會學著媽媽的口氣叮囑一句：「書是用來看的，不是扔的。」這是多麼有責任心的孩子呀！

第二，她善於管理。每次姊姊單獨照顧弟弟的時候，一個小時也好，幾十分鐘也好，要想讓弟弟安靜地服從指令，姊姊必須使用一些策略，比如她會對弟弟說：「如果你聽話，我會和媽媽說你很乖，媽媽就會獎勵你果凍。」姊姊為了讓弟弟服從她的指揮，會把媽媽這個背後勢力搬出來。當弟弟吵鬧的時候，她會假裝自己在畫東西，並且擋住不讓弟弟看，當弟弟表現出十分想看的樣子，她就說：「你想看就必須安靜，我才給你看。」她懂得善用計策來有效的管教弟弟。

第三，她很有上進心。姊姊的作業錯誤很多，每次看到她做錯了，媽媽都會懲罰她再寫一份，但她一句抱怨都沒有，只是用心寫，並且說：「媽媽，我錯了。如果我這次還錯，妳就再罰我寫一份吧。」一個孩子能夠意識到自己學習的錯誤，說明她有一顆上進的心。

我根據這位媽媽兩個小時的哭訴，找出了孩子七、八條優點。我反問媽媽：「孩子真的沒有優點嗎？」

顯然不是，而是媽媽沒有去發現孩子身上的優點。父母能否客觀地評價自己的孩子，是一件非常重要的事情，父母通過孩子的言行，分析歸納出孩子的長處，才有助於我們找到孩子的優勢。我們要放大孩子的優點，輔佐孩子克服身上的缺點，才可以做到「以己之長，克己之短」。

小碩是一名四年級生，很聰明，但也是一個淘氣的小傢伙，在學校總是喜歡挑起爭端，當然課堂聽講也是一個大問題。導師的課還能安靜一點，換成其他老師的課，他就更加肆無忌憚了，所以在學校沒少挨老師的訓斥。也因此個子高的他，座位卻被安排在前排，這樣老師在教室門外就可以看到他。班導為了他，即使不是自己的課，也會到教室門口看上幾次。

小碩的爸爸媽媽工作都很忙，但是為了兒子，夫妻兩人都會儘量抽出時間陪孩子，每天都會保證有一個人七點前到家，陪著小碩做作業。

一天，小碩又在學校惹了禍。導師給小碩爸爸打了電話，爸爸回到家看到小碩正在看電視，就大吼一聲：「關了！」小碩自知理虧，再看看爸爸鐵青的臉，快速地關了電視，溜回房間寫作業。小碩裝作很認真的樣子，手裡拿著筆，一個字一個字地讀著題，也許是精神太集中了，沒有幾秒鐘小碩的內心就真的安靜下來了，真的用心思考起了問題。自己還一邊想一邊自言自語，他反覆唸了幾遍，腦子裡頓時想到了老師教的公式，再深入分析問題，路程、速度都一目了然，他立刻動筆在作業簿上寫出答案，儘管字依然是歪七扭八的。

接著他繼續寫第二題。也許是有了答出第一題的成就感，第二題他做得很順利，進而繼續做第三題、第四題，一口氣就做了六道題，這對於小碩來說可是不小的進步呀！平時他都是一陣瞎猜，數學作業寫下來往往讓他腦袋僵硬不已。可是今天不知道是因為上課用心聽講，還是因為知道自己已經犯了錯誤，就格外地用心。正當小碩做第七題的時候，爸爸開門進來，說了聲：「好好寫！」小碩正為自己今天作業寫得快而感到榮耀，他覺得爸爸今天一定會表揚自己做得又快又對。想到這裡，他不由得心裡美開了花。小碩能感覺到爸爸熟悉的體溫，他的內心突然變得暖暖的。

身材高大的爸爸彎下腰，想看看小碩做得怎麼樣，可是小碩等到的不是表揚，而是又一聲怒吼：「你這寫的什麼呀？亂七八糟，鬼畫符嗎？」小碩看看作業，又扭頭看看爸爸的臉，他沒有得到自己想要的讚美。

爸爸繼續說：「看你寫的醜字，誰能認得？給我擦了重新寫！」小碩內心委屈極了，他真的不想擦，今天的作業他自己覺得是最好的一次，平時六題裡總有一兩道因為不會而空著等爸媽講解，而今天所有的題都是他自己做的，而且他覺得非常正確，因為是按照老師的方法做的，這是他認真上課的回報。可是他沒有得到一句讚揚，內心失落極了，但是他不敢違抗爸爸的命令，還是一點點地擦掉了。

「看你寫的什麼字！」爸爸還在怒氣中。小碩的字一向不好，今天他已經努力把字寫得端正了很多，但是爸爸似乎並沒有發現。

建一座高樓需要付出千辛萬苦的努力，但是摧毀一座高樓只需要瞬間。

小碩犯了錯，確實會讓父母不高興，但是做為父母，更要練習如何控制情緒，在孩子的面前，我們是他們的榜樣，是他們最為信賴的人。面對孩子，父母需要時刻保持理性，將不良的情緒過濾掉，整理好自己的情緒，才能像大山一樣保護著孩子。因為不好的情緒，容易讓父母做出錯誤的判斷。我相信小碩爸爸只要心平氣和，一定可以發現小碩的用心，也許就是這麼一次鼓勵，孩子就可以更上一層樓。

父母要學會賞識孩子，孩子才可以變得有自信。

POINT

面對小碩，父母這個時候最需要做的事情是：

● 第一，讚美孩子

當我們發現孩子有進步，要及時給予孩子肯定、讚美，讓孩子擁有成就感。有了成就感，就可以找到自己的人生價值。人一旦有了價值，就會激發自己的二次進步、三次進步。成功的起點有時候就在人獲得成就感的瞬間。

● 第二，不要使用挖苦、諷刺的話語

「好話一句三春暖，惡語一句六月寒」，同樣的一件事，挖苦的說就會摧毀人的心靈，表揚的說就能建設人的品行。面對孩子，父母更要樹立表率，哪怕孩子確實存在問題，也要客觀地指出而不是諷刺。比如小碩的字確實很難看，爸爸可以說：「我覺得你的字不夠漂亮，如果再調整一下書寫方式，會更好。」合理的建議可以幫助孩子成長，譴責只會讓孩子失去信心。

●第三，冷靜思考，找到孩子的優點

就如小碩自己感受的，今天他的作業已經使出了九牛二虎之力。看到對方的缺點很容易，發現別人的優點並不簡單。父母有責任隨時去發現自己孩子的優點，讓他們充滿自信，才能培養出健全的人格。

逆商[4]：冷靜面對成績

我們可以數出人有多少根頭髮、計算出從地球到月球的距離、預測若干年後的氣候，但是我們無法統計出人一生中會犯多少錯誤。我們一生都在做「對」的事情和「錯」的事情，所以做錯事沒什麼，改正了繼續去做對的事情就好了。這個道理很多人都懂，但是回歸現實，我們往往會迷失方向，特別是在教育方面，很多父母都是當局者迷。

4. 全名為「逆境商數」（Adversity Quotient，簡寫為ＡＱ），一般被譯為「挫折商」或「逆境商」。相對於智商（ＩＱ）、情商（ＥＱ）等，它是指人們面對逆境時的反應能力，即面對挫折、擺脫困境和超越困難的韌性。

格格是一名六年級生，小姑娘長得很清秀，戴了一副紅框眼鏡，透出一副睿智的樣子。她的成績一直非常優異，小學六年基本都保持在班上前三名，還有半學期就要升國中了，媽媽希望她再加把勁，進入最好的國中學習，所以全家人的注意力都放在格格身上。

格格的爸爸是電腦高手，負責在網路上給格格搜羅學習素材，英文、數學、閱讀，只要對格格升國中有幫助的話，他每天都是見了什麼好的就瘋狂下載，篩選則交給媽媽。媽媽是名會計，做事認真嚴謹，她會把所有的講義分門別類，要背誦的、要練習的，都做好標籤，依序放在女兒的桌上。

每天除了上學，格格還要參加很多補習班，小姑娘已經習慣了這種充滿學習的生活，對她來說，學習可以獲得老師的表揚、同學的讚美、鄰居的誇獎、親友的稱讚，為此感到非常幸福。所以無論媽媽給她的功課安排得多滿，她都無怨無悔，即使有空閒的時間，她也喜歡捧本書看，絕對不和小朋友在外面瘋跑瘋鬧。

格格的家庭作業通常在學校完成，回家就是寫媽媽整理的講義。她的自主學習力很高，從來不用爸媽陪，但媽媽覺得陪伴女兒溫習功課是世界上最幸福的事情，所以只要沒有特殊情況，都會陪著女兒一起學習，女兒做題，媽媽批改；女兒背書，媽媽檢查。

某次數學小考，格格不知道怎麼了，突然失了常，錯了好幾題，得了八十一分。這個成績是從來沒有過的，格格當時就哭了。老師安慰她說：「沒關係的，我們每個人都有狀態不佳的時候，只要找出原因，下次你還是能考好的。」回家後，格格不願意把考卷給媽媽看，但是需要家長簽名，直到要上床前的幾分鐘，才極不情願地把考卷拿出來。當媽媽看到這個成績時，眼睛睜大了數倍。

媽媽有些慌亂，但是沒有立刻責怪格格，這讓格格心裡還好受點。媽媽拿著考卷，仔仔細細地看著格格的每一處錯誤。其中有一題，媽媽清楚記得帶著格格做過，而且並不難。媽媽神情凝重地說：「這道題，你怎麼又錯了？」媽媽的聲音不高，但是卻有著很強的力道，格格坐在椅子上一動不動，她拼命咬著下嘴唇，不說話。

媽媽繼續說：「你說呀，你怎麼又錯了。這麼簡單的題你都能出錯，怎麼考國中？這是不該有的錯誤呀。」格格努力控制著自己的眼淚不讓它掉下來。媽媽的目光都在考卷上，沒有發現格格的神情變化，繼續說：「這種錯誤不應該犯，昨天你練習的時候，就出現了這樣的低級錯誤，今天你又錯了！你給我解釋，是不是心不在焉？」格格緊握著筆，都快嵌進自己的肉裡了，她努力忍住眼淚和情緒，她也問過自己了，怎麼會錯呢？她已經告訴自己，這樣的錯誤絕對不可以再出現，如果要是再有這樣的錯誤，就罰自己寫一百遍、一千遍。

媽媽的心被這個八十一分刺痛著，她的注意力與其說在題目上，不如說在分數上，媽媽沒有抬頭看自責的女兒。受到刺激的媽媽已經失去了以往的冷靜和沉著，也失去了以往的細膩與縝密。媽媽像壞掉的收音機一樣喋喋不休，似乎在問女兒，又似乎在問自己。

只要是成績就會有高低，沒有一個人可以保證自己一生考的都是滿分。生而為人，孰能無過，有了錯誤沒有關係，分析出問題所在，改正後，下一次就是對的了。

格格因為一直很優秀，所以父母很難接受這個糟糕的分數。也正因如此，從父母到孩子，他們都沒有機會建立起面對挫折的心態，所以當他們看到不理想的成績時，只能不知所措。因為沒有預設心理，就沒有應對方案，所以越優秀的孩子心理往往越脆弱——當挫折出現在他們面前時，他們不知道該如何去戰勝。我們經常說，「不經一番寒澈骨，焉得梅花撲鼻香」，經歷過更多困難的人，才會知道獲得的不易，也才會更加珍惜這個結果。

父母過於謹慎地保護自己的孩子，對孩子來說是最大的傷害。在孩子的成長過程中，有鮮花，也應該有冰霜。許多到達光輝頂點的人往往不是最聰明的，而是在生活中遭受過挫折的人。因為那些自認聰明的人，往往會選擇走捷徑，捷徑往往會讓他喪失鍛煉機會；而那些生活在逆境中的人，才能更深刻地理解什麼叫成功。

POINT

在陪伴孩子寫作業的過程中，面對孩子的錯誤，父母需要怎麼做呢？

● **第一，坦然接受**

孩子經歷挫折未必是壞事。對學生而言，當他們遭受挫折，反而更容易激發潛能。越不容易找到答案，就越能激發學生的潛力和探究精神，從而進行研究學習，切實掌握知識。而且挫折的經歷，可以幫助孩子壓住驕傲的情緒。在充滿挑戰的現代社會，如果學生沒有遭受挫折的洗禮，沒有正確對待挫折的意識，就好比「溫室裡的花朵」，不可能很好地適應社會。

● 第二，保持安靜

往往學習成績優異的孩子，對自己的要求也會比較嚴苛。他們的分析力、總結力往往比別的孩子略勝一籌，他們會自己在問題中找到病因，此時父母的任何一句話都顯得多餘。格格媽媽拿到孩子考卷的時候，只需簽上名，告訴孩子早點休息就足夠了。

● 第三，默默觀察

如果發現自己的孩子出現了成績下滑的情況，父母要默默觀察孩子，分析成績下滑的真實原因。如果是偶然的失誤，交給孩子自己處理就可以；如果是其他原因，要仔細找出現孩子的變化，根據事實與孩子溝通，找到解決的方法即可。

自我負責：鼓勵不等於獎勵

父母是孩子的監護人，法律賦予了父母必須無條件地照顧、培養、教育孩子的責任。家庭是一個社會的最小細胞，父母不僅要承擔起照顧孩子的責任，更要承擔社會義務。正是父母這樣的雙重使命，才讓很多人感覺到做父母不容易，當個正在上學的孩子的父母更不容易。

那些陪孩子寫作業的父母，為了能夠順利完成作業，想盡了辦法。無論是使出「獅吼功」、溫情喊話、犧牲自我放棄工作，還是物質誘惑……總之，只要能讓孩子好好地寫作業，一切辦法都用上了！

有句話說「不管黑貓、白貓，能抓住老鼠的就是好貓」，但是這句話並不適用於孩子上。對於監督、輔導孩子寫作業一事，「有效的方法」不等於「正確的方法」。

凌志是一名小三生，平時爸媽工作都很忙，所以沒太多時間管他。凌志很聰明，但比較貪玩，缺乏上進心，做什麼事情都是差不多就行，無論老師怎麼責罵，都覺得無所謂。他告訴自己：「老師不找學生的麻煩，還是老師嗎？隨便他唸吧。」爸爸、媽媽自己的事忙不過來，又覺得孩子還小，只要身體好、不生病，少考兩分也沒關係。但是負責任的導師總是不「放過」凌志的父母，孩子作業沒寫完要「警告」，孩子作業錯誤多了要「警告」，孩子作業寫得亂七八糟了要「警告」！面對老師沒完沒了的警告，凌志的媽媽也是苦不堪言，所以不得不抽出時間來陪著凌志做作業。

以前沒人管的凌志，對於媽媽突然陪在自己身邊寫作業這件事很不習慣，總是調皮地和媽媽東扯西扯：「媽媽，你去工作吧，我一定會寫完作業。」、「馬麻辛苦一天了還要陪我，你先去休息吧！」……凌志媽媽被他搞得頭昏腦脹，一向優雅的媽媽也怒火中燒，不停地壓制、訓斥他，但這對於「鬼靈精」凌志來說一點作用都沒有。

最後媽媽想到，公司員工都是見到獎金就埋頭工作，也許同樣的辦法對凌志也奏效。於是，媽媽很鄭重地和凌志談判：「凌志，你只要在一小時內完成作業，我就獎勵你十塊錢。如果作業得了『甲』再獎勵五塊；得到『甲上』再獎勵十塊。但如果老師又因為作業打電話給我，一次罰二十塊；如果嚴重程度必須親自到校說明，一次罰五十塊。」凌志一聽說寫作業可以有錢拿，興高采烈地連連答應媽媽的條件。最後雙方達成協議，列出條款，列印、簽字，並且貼在了凌志的書桌前。

從這天開始，凌志寫作業時果然沒讓媽媽多費唇舌，每個字都寫得極為認真，就連廁所都忘記去了，一直坐在小書桌前，一動不動、聚精會神地寫作業。遇到不會的題目，也不會嚷嚷著要媽媽過來，而是自己耐心地思考。不僅寫的作業如此，讀書的作業也是老老實實地做完，不再偷懶打混。陪在旁邊的媽媽為自己終於找到了解決方案而深深地鬆了一口氣。看來金錢可以解決一切問題，哪怕是難纏的寫作業問題。

這一天，凌志順利地拿到了十塊錢獎金，左看右看，開心得不得了，晚上睡覺時，還小心翼翼地把錢藏在了一個很隱蔽的地方。第二天一早，沒讓媽媽叫，自己就從床上爬起來，主動去上學了。這天他的作業第一次得了「優」，他盤算著自己又有十塊錢的獎金了，所以一放學他就鑽進了學校不遠處的柑仔店，好好揮霍了一把。

因為有了金錢的誘惑，凌志到家就開始寫作業，一點不用媽媽操心，他的小錢包也越來越鼓，他每天還是會在放學的時候買各種東西，比如小玩具、零食、文具等，可是過了一段時間，凌志實在想不出來自己還可以買什麼了，小錢包還是鼓鼓的，但他對於寫作業的熱情降低了很多。

媽媽看到凌志的作業又開始凌亂了，題目空白一片，媽媽警告他說：「凌志呀，你這樣的作業可拿不到獎金呀！」凌志則一副無所謂的樣子，漫不經心地說：「得不到就得不到，有什麼大不了的。」還故意寫上一個很難看的字，似乎在和媽媽賭氣。媽媽覺得自己的提醒還不夠，又追加一句：「幫媽媽省了一筆錢，太好了！」凌志毫不示弱地說：「你就留著吧，反正我還有好多獎金呢。」這一刻媽媽啞口無言，不知道該怎麼辦了。

金錢是萬能的嗎？至少在教育孩子的問題上不是。完成作業是一個學生最基本的職責，不寫作業就是不盡職。為避免孩子影響自己的工作、干擾自己的生活安排，就採用金錢的手段解決問題，而不積極地指引孩子改正錯誤，試問，父母用這樣的方式會傳遞給孩子什麼樣的思想呢？

金錢可以迷惑一個成年人的判斷，讓一個正直的人走上歧途，同樣也可以澈底扭曲一個孩子的價值觀，讓他覺得學習就是賺錢，沒能體認到這是提升自身的必要過程、彌足珍貴的轉變契機、確立品格的關鍵時刻。如果孩子的學習價值可以用金錢來衡量，那麼學習將整個走味。

POINT

對於孩子作業的獎勵問題，父母必須踩穩正確的立場：

● 第一，作業是孩子必須承擔的任務

孩子完成作業就如同員工要完成工作，司機要駕駛汽車一樣，這是他必須承擔的責任，沒有什麼討價還價的餘地。

● 第二，鼓勵不等於獎勵

孩子在成長的過程中，需要父母不停鼓勵來建立自信心，幫助他找到人生的方向。懂得鼓勵的父母，能讓孩子擁有克服一切困難的勇氣。但是鼓勵不等於獎勵，孩子經努力獲得的成績，父母可以和孩子約定物質上的獎勵，但這僅僅是對孩子的肯定，目的是激勵他更努力。但對於孩子本應承擔的學習任務，就不可以給予獎勵，比如，準時上學是學生的本份，不應因為孩子沒有遲到就給予獎勵。

● 第三，任何鼓勵都不可以用金錢來代替

很多父母習慣在鼓勵孩子的時候，承諾給予金錢。這種方法會傳遞給孩子錯誤的價值觀，亦即任何事情都可以用金錢衡量，久而久之，就會讓孩子有錯誤的價值觀，影響孩子一生。

獎勵可以根據孩子的興趣、學習需要進行，比如孩子特別想買某一本書，可以和孩子約定該如何得到這項獎勵，是對他付出的肯定。再比如，如果孩子喜歡畫畫，就可以獎勵孩子一套美術用品，既充分發揮獎品的作用，也可以激發孩子更鑽研自己的興趣。

自律：戒掉拖延症，擺脫拖拉壞習慣

一提到寫作業，九成以上的父母很自然就浮現「拖拖拉拉」這個詞。「拖拖拉拉」的意思為緩慢地向前行進，比喻做事動作遲緩，因此，孩子寫作業拖拖拉拉，表示會寫，只是速度很慢。但是父母們是否想過，孩子為什麼寫作業拖拖拉拉呢？是什麼讓他們做作業拖拖拉拉呢？拖延不寫作業可以讓他們獲得什麼呢？

晶晶是一名六年級學生，小學六年沒有得到過太多的榮譽，甚至於表揚都很少，她不大愛說話，也不大愛運動，平時同學們玩的時候，她就跟在大家屁股後面，既不主動參與也不躲在一旁。說到她的學習，她的成績始終穩定，穩定在平均分之下，讓老師父母都頭疼不已。

晶晶的媽媽為了可以更好地教育晶晶，辭了工作。老師經常在放學後幫晶晶補課，所以晶晶經常比同學晚離開學校。當她走出教室時，整棟教學大樓除了幾個補課的學生和老師，就沒其他人了。熱鬧的走廊此時寂靜得似乎連針掉在地上都聽得到。此時此刻，從教室到學校大門口的這幾十公尺路程，卻是晶晶無比自由和快樂的時光。

隔著學校的大門，晶晶可以看到已經在校門口等了很久的媽媽。媽媽和晶晶一樣孤孤單單，旁邊沒有一個人。晶晶的個子比媽媽還高出半顆頭，但是媽媽還是第一時間就幫晶晶拿過了書包，背在自己身上。媽媽問晶晶：「今天老師補了什麼？作業是什麼？今天你學得怎麼樣？」媽媽也不等她回答，就問出一大串問題，可是晶晶一個字也沒有回，只是自顧自地往家裡走。她也不知道為什麼自己不回答，就是不想說，一個字都不想再提學校的事情。

回到家，晶晶主動進了自己的房間，打開書包準備寫作業。此時距離她離開課後輔導不過二十來分鐘，她一個字都不想寫。但不打開書包，媽媽會碎碎念個沒完沒了；打開書包，至少可以讓媽媽閉嘴。她把作業簿打開，把課本打開。課本已經待在那裡不亂動了，可是她依然不滿意，向前到整個身體都快貼在桌面上了，兩手沿著課本兩頁的中間位置，使勁地用手背來回壓了又壓，似乎想把課本上的字壓到不見最好。作業簿已經非常平順地放在桌子上了，她又對它不滿意了，翻翻前面，看看後面，不知道在研究什麼。媽媽聽到了熟悉的翻書聲，不耐煩地說：「你在磨蹭什麼，還不趕緊寫，一會兒你爸爸看到了又要唸你了。」

這句話也許對晶晶起了作用，她不再對書本「行刑」，終於拿起筆來，但是筆似乎也打擾了她寫作業。她緊緊地盯著筆尖，似乎覺得發生了什麼奇異的變化，她把筆放在鼻頭正前方，轉動著筆桿研究。此時距離晶晶開始寫作業，已經過去了五分鐘。善於觀察的媽媽沒有聽到應該有的動靜，更加不耐煩地說：「你在磨蹭什麼，怎麼還不寫呀？趕快寫行不行呀？每天都要人催，你嫌我時間多呀！」

晶晶也不反駁，慢慢抬起頭，斜眼看著媽媽，然後又用了好幾秒鐘才回過頭，如今一切似乎都預備好了，晶晶開始寫字。剛寫了兩個字，晶晶就被本子上的「中」字吸引，她用筆沿著中字「口」的輪廓描了描，然後又把「口」塗滿，最後又使勁地塗了好幾筆才罷休。同時，她又發現了一個「驢」字，裡面同樣有可以填滿黑色顏料的地方，她再次把這個空填滿。當她又在尋找下一個空格，這時媽媽站在了她的背後：「你還在拖什麼，這都幾點了，你才寫幾個字！我的大小姐呀。」又過去了十分鐘。

媽媽這回不再離開晶晶了，而是搬了把椅子就坐在她旁邊，她不能再給國字「用刑」了，不得不真正地開始寫作業。但是她沒有興趣，她感覺自己看到的每一題都一樣，看到的每個字也都是一樣的，都是同樣的面目猙獰。連續寫了幾個字後，晶晶感覺不舒服，和媽媽說：「我要上廁所。」沒等媽媽同意，她就起身去了廁所。晶晶這一去就是好久，媽媽氣憤地說：「你在廁所摸什麼？是要睡在廁所嗎？」這時已經過去差不多半小時了。

就如晶晶媽媽常說的：「我總不能把你綁在椅子上吧！」即使媽媽把晶晶綁在椅子上又能怎樣呢？晶晶寫作業的速度就可以加快了嗎？她就可以不磨蹭了嗎？似乎不會。問題是晶晶為什麼磨蹭呢？

寫作業拖拖拉拉的原因很多：

第一，是因為想逃避。晶晶已經在校學習了一天，而且比別的同學學習時間還要長，寫的作業還要多，得到的稱讚卻很少。對她來說，補習也好，寫作業也罷，都是因為她成績太差了，所以寫作業之於她，就是「我很差」的證明。面對這樣不光彩的標籤，誰願意承認呢？老師的補習，晶晶無法反抗；老師出的作業，她也無法拒絕，她所能做的就是儘量拖延時間，讓自己得到一絲安慰。

第二，是因為疲憊。每個人的體力都是有極限的，孩子們一天在學校要上很多節課、寫很多作業，大腦容量也有填滿的時候。從學校到家裡，晶晶沒有休息的時間，她只能想辦法偷一點娛樂時間。

第三，是因為學習成績不理想。在無數的案例中，我們可以發現，寫作業快的同學，九成以上成績也比較優異，他們對自己有信心，而且學習讓他們獲得了榮譽，所以他們對寫作業表現出積極主動的態度。大部分的優秀學生都可以輕易寫完作業。而學習成績差的學生，寫作業就會磨蹭拖拉，原因是他們對知識的掌握度沒那麼好，擔心同學笑話、老師批評、父母訓斥，所以面對作業時，是能拖就拖，那是為了保護自尊心的行為。

第四，是因為對作業沒興趣。枯燥乏味的作業，也是學生拖拖拉拉的原因。學生每天上課、寫作業的生活，讓他們感到很無趣，特別是寫作業，很多內容都反覆呈現，缺少新意，但是又不得不完成，所以他們就採取拖延的方法表示反抗。

第五，是因為缺乏自律。很多孩子不僅寫作業磨蹭，吃飯、看電視、洗澡等大小事都會磨蹭，一般來說這樣的孩子，都是被父母細心照顧的孩子，對他們來說，做什麼事都不必自己負責，而是父母的事情，他們缺乏責任心，沒有時間概念。

第六，是因為自由支配的時間過少。很多孩子之所以磨蹭，是因為父母給孩子安排了過滿的任務，讓他一個任務跟著一個任務地完成，沒有喘息的時間，他們只有透過拖延來獲取屬於自己的時間。

POINT

無論孩子磨蹭有什麼理由，根本原因都是父母的教育方式有問題。改善方法如下：

- **第一，和孩子約定時間內完成**

我們可以和孩子約定好寫作業的內容、時間，父母不要輕易更改，要給予他們自我管理的權利，尊重孩子才可以讓孩子快速成長。

- **第二，根治孩子的拖延病**

孩子磨蹭的習慣一旦養成，要改變就很難了。父母要觀察孩子都在哪些地方浪費時間，每次寫作業前就要和孩子約定好，列出不能做的事情，如果做了要有相應的懲罰。每次都要嚴格執行，才可以改善孩子的缺點。

●第三，提供簡單的學習環境

喜歡拖拖拉拉的孩子大多數容易分心，所以孩子的學習環境就要儘量簡單，和學習無關的東西都要收起來，不要干擾和分散他的注意力。

也能考慮請求老師的幫忙。有很多孩子只在家裡磨蹭，在學校的效率卻很高，如果你的孩子是這種類型，建議和老師取得聯繫，形成親師合作，善用老師的權威改變孩子的壞習慣。

●第四，自我檢討教育觀念

據統計，很多拖延成性的孩子，都是在家庭中得到過多關注的孩子，因為他們獲得的關心多，所以做什麼事情都缺乏負責意識、欠缺上進心。如果你的孩子愛磨蹭，父母就需要反思是否是自己的教育觀念存在問題。

主動探索：鼓勵孩子追根究柢

「趕緊寫作業，寫完了去外婆家。」

「回家先寫作業再去玩！」

「作業寫完了嗎？寫完就可以去睡了。」

我隨意挑選了一些父母經常和孩子說的話，很多父母都沒有注意到，我們已經在無形中把作業和孩子的一天生活合而為一，似乎寫作業是衡量一個孩子好壞的唯一標準。以至於很多時候，孩子們已經把學習和寫作業混為一談了，認為學習就是寫作業，寫作業就是學習，事實真是如此嗎？

小輝是一名六年級生，聰明、愛思考，不僅國英數成績好，音樂、美術、體育也樣樣優秀，特別是籃球打得超級棒，是校隊的重要隊員，小學六年他一直擔任班長。對他來說，寫作業似乎就是小事一樁，老師每天剛出完作業，他就能很快地把作業做完。

當然，放學後的時間也不都屬於小輝。媽媽替他報了鋼琴課、閱讀課、英文課、奧林匹克數學培訓課程，還有他自己要求上的籃球課、乒乓球課，所以小輝每天的行程都是滿滿的。別的小朋友書包都又鼓又重，唯獨他的書包，簡直不像學生的，裡面看不到幾本課本、作業本，都是英文小說或籃球明星的照片。

有一天，小輝忙完了所有課內、課外的作業，卻一直待在自己的房間裡沒出來。爸爸覺得很奇怪，就推開門問小輝：「你在做什麼？」小輝頭也不抬地回答：「寫作業。」爸爸怕打擾了孩子，沒有出聲就退了出去。過了好久小輝還是沒出來，爸爸再一次進房問小輝在幹嘛，小輝說：「寫作業呀！」

「什麼作業，怎麼還沒有寫完？」爸爸不解地問。

這時，小輝舉起了一個鐵片。爸爸的好奇心一下子被激發出來了，看著這個坑坑巴巴的圓形小鐵片，爸爸感覺有點眼熟，但是又想不起來是什麼？

「這是酒瓶蓋呀！」小輝用手指了指桌子，爸爸才發現桌子上還有好幾個這樣的小鐵片。爸爸拿起一個，左右翻看著說：「這是老師出的作業？」

「是，也不是。」小輝想了想，繼續說，「今天我們上數學課，學習圓的面積。其中有一題就是關於酒瓶蓋的。當時我覺得老師的說法有問題，放學的時候，我就撿了幾個酒瓶蓋，剛才用了九牛二虎之力，才把它們弄平。」說到這裡，小輝的興致更高了，「爸，你知道嗎？原來酒瓶蓋是圓的，太神奇了，這些小鋸齒都是圓的一部分，只不過被藏了起來。」

爸爸看著這些兒子從垃圾堆裡翻找出的酒瓶蓋，又看著兒子，內心充滿著巨大的驕傲感。因為小輝寫作業的方式，體現了學習真正的價值，孩子不會因為老師講明白了，就放棄繼續思考。為了一個觀點，他可以想辦法、花時間去驗證自己的猜想，彌補自己知識上的不足，這才是真正能促使孩子升級的行為，擁有這樣的兒子怎麼能不驕傲呢？

「你算出結果了嗎？」爸爸問。

「還沒有，這不太好測量，失敗好幾次了，還沒找到正確的測量方法。」一談到這個問題，小輝的神情黯淡了。

「爸爸當你的助手吧？」

「太好了，這樣就好測量了。」

寫作業是孩子學習中不可缺少的一部分，目的主要是為了檢測出課堂學習的漏洞、填補課堂學習的缺失，讓學生更全面地掌握知識，形成技能。用心做一題，遠比心不在焉地做一百題有價值。像小輝這樣，為了驗證一個不確定的知識，自己主動動手做實驗，這就是有價值的作業，體現了學習的本質，展現了孩子的創造力和創新精神。

小輝的爸爸懂得這點，所以他不僅沒有阻止小輝，而且還參與到孩子的探索中，陪伴孩子，讓孩子更加堅信自己的想法，並有機會去驗證。父母的信任和陪伴，讓孩子在精神上獲得最大的支持。

POINT

父母不應拘泥作業的形式，對於孩子的大膽想法，父母要予以守護，在做作業的過程中，當孩子困惑時，要能用各種方式幫助孩子追根究柢。比如路程問題的計算公式：路程÷時間＝速度，這三個量之間建立起的關係，很多孩子無法理解，他們只是簡單地背公式而已，所以很多孩子會一錯再錯。父母如果採取另一種方法，就可以提高孩子的理解力。

Q：工人甲從一千五百公尺外的A地開始向B地行進，每小時可以走五百公尺的路程，他需要幾個小時到達目的地B？

很多父母會用畫線來解說這題，但實際上，線是用來代表「A地到B地距離」的抽象符號，對思維比較慢的孩子來說，理解有些難度，建議父母可以採取遊戲的方式：假定客廳兩頭就是A和B，爸爸跨一步就代表一小時，讓孩子觀察、體驗、感受，然後讓孩子自己親自走一次。用這樣的情境模擬法，可以讓孩子在現實生活中找到數學的元素，從而降低知識本身的難度。或者，也能用手指遊戲的方式，假設桌子的長度就是一千五百公尺，手指就是工人甲。

面對孩子學習上的困難，我們不能只是紙上談兵，更要想盡辦法，讓孩子將知識立體化、生活化，讓靜止的知識動起來。作業的形式並不拘泥於靜態的書寫，在孩子跑跳玩樂之中，都可以找到學習的影子。一個人只有會玩才會學，只有在多元化的學習過程裡，孩子的學習才是快樂的。鼓勵孩子動起來，開創有價值、有意義的作業，這才是讓孩子學習事半功倍的最佳方法。

第六章

正確的陪伴，能讓孩子受益一生

很多父母把陪孩子寫作業當作一場持久戰，世界上最親近關係的個體——父母和孩子僵持不下。這場戰役中，如果策略不對，就會引爆家庭內部大戰，夫妻的對立，若是戰火蔓延，還會引來爺爺、奶奶、外婆、外公的參戰……為什麼陪孩子寫作業這麼難？每一位參與過「戰爭」的父母，是否曾安靜下來思考過其中的問題？

孩子的自信，是源自父母

自信，簡單說就是相信自己，再具體講就是相信自己所追求的目標是正確的，也相信自己有能力去實現所追求的目標。

兩千多年前，孟子曾說：「堯舜與人同耳」，亦即人皆可以為堯舜，這是道德的自信心；古人云：「天生我才必有用」，這是能力的自信心；相信自己有能力把工作做好，積極地提高做事效率，這是事業的自信心；相信自己能盡最大努力實現自己的人生價值，這是創造的自信心。

經過多年兒童教育的研究，我在追蹤一個又一個孩子的成長過程中，發現優秀孩子的身上都有這樣的特質：他們不知道什麼是失敗，也不會認為自己不如他人，面對一切挑戰，他們都表現得自在從容。

是什麼給予了他們這份強大的內心力量？是自信！而這份自信，是來自父母！

小元剛上小學，一對大門牙剛剛換牙，滿臉天真可愛，一雙黑亮的大眼睛透出聰明。他寫完一題會高高舉起肉乎乎的小手，嘴巴也會下意識喊出來：「老師、老師，我又寫完了一題！」寫國字的時候，每寫完一個字，他就會為自己寫的字陶醉，充滿幸福地說：「我又寫出了一個最漂亮的字！」班上的任何活動小元都會積極參與，即使是老師指派給別人的任務，他也會盡力爭取：「老師，我會比他完成得更好。」自信，讓小元無所畏懼；自信，讓小元不知道什麼是失敗；自信，讓小元不斷地去挑戰自我。而小元剛剛進入小學，他的自信來源於哪裡呢？

而小雨是一名四年級生，是非常安靜的小女生，在班上有時候一天也不會發出一點點聲音，就如她自稱：「我希望老師今天把我忘了。」因為小雨的學習成績一直在班上倒數，每逢考試，她的內心像壓了一塊巨大無比的石頭，她怕看到老師的絕望眼神，也害怕接觸到同學們輕視的目光，她一直覺得自己是這個班最多餘的人。她在班上幾乎沒有朋友，她最喜歡、也是唯一能做的就是沉默，沉默是她保護自己的最好方式。

我曾經和小雨的父母說過一句話，讓他們差點失聲落淚，我說：「孩子在學校已經接收到太多的失望，在家裡一定要多讚美她；她在學校已經得不到認可，做為她的父母，再不給予她更多的讚美，她要怎麼有自信呢？」

自信心是一種態度，是個體在學習和生活過程中，通過與他人的交往而逐漸形成的。所以小元的這種自信，是他接受學校教育前，父母就給予他的禮物，因此家庭是培育孩子自信心的最好沃土，自信一旦形成，就能夠穩定、潛意識的來推動人的行為。可以說，自信對一個人創造力的影響相當深遠。只有具備了自信心，才敢去想，也才敢去做。若是不夠優秀的孩子，更需要父母在陪伴中給予自信！

一個孩子在學校沒有受到老師的重視，在團體中沒有表現自己的機會，或者在老師、爸媽面前受到太多的批評、指責，甚至諷刺、挖苦，這些都會傷害孩子的自尊，影響自信。接著又因為表現不佳招致新的批評，形成惡性循環。可以說，自信心是一種體驗，也是一種意志和精神。是否給予了孩子自信，或如何培養孩子的自信心，是父母需要特別關注和重視的事情。

很多孩子天性膽怯，不敢去表現，唯恐因為自己的失誤而引起別人的嗤之以鼻。所以很多父母都會不斷地拜託老師：「我的孩子並不優秀，請您多給孩子表現的機會，多多誇獎他，讓他有自信。」那麼做為父母，您是否在家裡也有這樣做呢？我們大多數人都不敢直接說自己的孩子是天才，我們也明白成功有一定的偶然性，但表揚和讚美肯定可以改變孩子的成長軌跡。

然而，但是身為父母的我們有沒有想過：我們總是把期望放在老師身上，但其實那個應該點燃孩子自信的人應該是我們！

POINT

在陪伴孩子的過程中，我們首先最應該給予孩子的特質，便是自信！

- **第一，要真誠地告訴孩子「你是最棒的」！**

孩子還小的時候，我們可以輕鬆地說出「我愛你」。但是孩子越大，這種話就越羞於說出口。事實上，每個孩子最期盼的不是老師的肯定，而是父母的認可和讚美。北宋文學家蘇軾說過：「古之立大事者，不惟有超世之才，亦必有堅忍不拔之志。」要形成「堅忍不拔之志」，固然有多種因素，但最關鍵之處就是自信心。自信心的建立，則源於父母的一句「你是最棒的」！

孩子從無法獨立思考到自己能解出一道題，媽媽應該抱抱他，把自己的喜悅放大十倍、百倍地展示在孩子面前，媽媽由衷的讚美，也許一下子就讓孩子找到了成功的秘訣。當孩子進步到用一半時間就背下了課文，父母要發自內心地告訴他：「我為你而驕傲」，並把這種心情放大、放大、再放大，這不是矯揉造作，而是鼓勵孩子自立的最佳時機。當孩子第一次主動完成作業，父母一個親吻額頭的動作，並且告訴他因為有了他而幸福，讓孩子感受被認可的喜悅，因而激發他前進的動力。

幫孩子樹立自信不是一件很難的事情，只要在孩子取得任何一個小小的成功時，用一個動作、一句話、一個詞語來表達就夠了。

● 第二，要相信自己的孩子是最棒的

當孩子考試成績不理想的時候，父母有責任和義務把孩子坍塌的自信重建起來，要懂得善於在細節處找到他的優點。也許他的單字比上次答對得多，也許他

的書寫比上次有了進步，無論如何不要直接說孩子考得很糟，而是讓孩子相信，只要爸爸、媽媽在身邊，我們一起努力可以把「糟糕」變得「優秀」。

● 第三，不要輕易地放棄孩子

我特別能理解，很多父母因為孩子成長的問題而承受著折磨。面對這樣的父母，我總會鼓勵他們將自己內心的壓抑釋放出來，然後告訴他們：「不要放棄自己的孩子，因為你放棄了，孩子就真的站不起來了。」

當孩子不夠優秀的時候，或者離期望有距離的時候，做為父母，我們必須要比孩子更強大，不能因為父母的軟弱，讓孩子的自信心倒塌，因為一個沒有自信心的孩子，將再也無法站起來。

¿井! 寫作業是為了培養獨立的學習心態

要是拋開薪水，工作和娛樂你會選擇哪一項？要是沒有大人的監督，學習和娛樂孩子又會怎麼選擇？

孩子天性貪玩，面對娛樂，能夠妥善自我控制的很少。所以，父母不要過多地去譴責孩子不認真，或者不主動寫作業。自動自發、用心認真的寫作業是一種需要培養的意識，這種意識過程，其中父母的陪伴起著重要作用。

自主學習的意識養成，最重要的時期就是孩子入學後的三年。做為剛剛入學的學生家長，基本有這樣幾種情況：第一，雙薪家庭，孩子放學後無人照顧，不得不求助安親班。第二，因為工作原因，孩子放學後，不得不託付給祖父母照顧。第三，父母任何一方，在孩子放學後親自陪伴。

第一種情況很普遍，因為足夠的收入是最基本的需求。送安親班前，父母首先要做許多調查工作，如安親班老師是否有教師資格，安親班的環境是否具備穩定性、安全性，是否是良好的學習環境？安親班是以營利為目的的，如果父母想在經濟上節約，又想讓孩子受到良好的照顧，很容易陷入兩難。

如果無法找到一個可信任的安親班，我認為下午四點到七點這段時間，正是運動的最佳時間，不如把孩子送到可以鍛煉身體的場所。七點後再由父母陪同進行知識的學習，對孩子來說收穫更大，兼顧了動與靜。

至於第二種情況，也是很現實的問題。我經常聽到很多父母抱怨，由於兩代人的教育觀念不同，容易產生矛盾。做為父母，我們是否思考過：這種矛盾比孩子的健康成長更重要嗎？無論是爸爸、媽媽，還是爺爺、奶奶，他們都希望自己的孩子受到最好的教育，所以在孩子開啟學習之路時，兩代人要先做好全盤規劃，理智討論，形成家庭決議。現在很多家庭都有開家庭會議的習慣，這是非常健康的解決家庭問題的方式。一個企劃都要不停地修改，才能形成最終的方案，那麼孩子教育這樣的大事，家庭更需要不停地調整做法。調整的依據就來自父母的觀察、孩子的感受、其他家人的體驗，不能只聽一方的意見，只有各方達到高度共識，才可以更好地幫助孩子。教育孩子是長期的工作，需要理智對待，不可以感情用事。

第三種情況對孩子的成長自然是最好的，但仍有需要留意的地方，例如，很多父母常問孩子的這句話：「老師今天出的作業多嗎？」就是對孩子養成作業意識的最大阻礙。

儘管作業是老師安排的任務，但同時也滿足父母對自己孩子培養的需要，因此不要灌輸孩子這種意識——「老師出的才是作業」，不然就會出現父母讓孩子額外練習，孩子不配合，父母又抱怨孩子不聽話的惡性循環。

做為父母，最好的方式是先和孩子建立良好的感情。放學後，父母可以和孩子聊聊的話題有很多，比如今天你又認識了哪個新朋友？你覺得誰健康操做得最認真？數學老師今天又說了什麼好玩的事情？

很多父母常常抱怨，孩子不願意聊學校的事，但卻很少意識到，這也是由於父母的問題，讓孩子難以回答，比如：「你今天發言了嗎？老師稱讚你了嗎？又有小朋友欺負你了嗎？」雖然是出於關心，但孩子（特別是剛上學的小朋友）還沒有完全建立起是非觀念，無法獨立進行判斷，自然想逃避回答。

父母和孩子溝通的話題，要具有啟發性和講述性。孩子對生活的觀察能力弱，父母就該多多鼓勵孩子觀察學校生活，既可以培養孩子的觀察力、感受力，也能鍛煉孩子的表達力。

POINT

家才是培養孩子自動自發寫作業的最好場所。首先要讓孩子明白作業是什麼，雖然放學了，但是學習並沒有結束，只是換了一個學習的場地。父母必須讓孩子明白，學校是集體學習的地方，而家是個體學習的地方。

作業的內容其實可以分為兩大類：複習和預習。

● 複習已經學過的知識

複習的內容有兩部分，第一部分是完成老師出的作業，根據要求一一落實。第二部分是完成自己的作業，也就是「檢查新學的內容」，這部分需要父母的引導和培養。

對於剛剛入學的孩子，最簡單也是最有效的方法，就是把所有今天學習的內容閱讀一遍。因為低年級的小朋友還不會默讀，他們只能朗讀。父母要根據孩子讀書的情況，判斷出孩子哪些會、哪些不會，比如，字音讀錯了說明孩子的發音不正確，孩子算數時出了錯也許是孩子的數感不好。找出問題，父母就幫助孩子跨越難關。

在孩子讀書的過程中，父母不要打擾孩子，但是要做筆記，指引孩子進入第二層次的作業（點出問題），輔助孩子掌握正確的知識，從而幫助孩子自然進入第三層次的作業（解決問題）。

很多父母一聽說孩子沒有作業，就另外給孩子出作業，這種做法反而會激發孩子的反抗心，因為父母出的作業沒有根據，不能以理服人，憑空想像的任務容易引發孩子的叛逆。因此要想為孩子建立良好的寫作業心態，首先找出孩子的需要才可以對症下藥，而非本末倒置。要讓孩子尊重和信服父母，父母就要講道理。

• 預習沒有學過的內容

預習是良好的學習習慣。在預習中，父母最容易犯的錯誤就是追求完美。預習不是要讓孩子百分之百地掌握新知識，而是讓孩子在原有認知的基礎上，提前熟悉新知識，讓孩子學會獨立解決問題，並且找出他現階段還不能獨立解決的問題。假設孩子讀書不夠流暢，讓孩子無止盡的一遍又一遍閱讀完全是無效的做法。孩子讀得結巴，是因為他的能力目前只能達到這種程度，想提升需要經過再次的學習。結巴代表學習有困難，這個困難需要在課堂中獲得解決。學習是一個循序漸進的過程，不能追求一步到位。

再比如在孩子預習的過程中，有些數學題做不出來，父母不可以強求孩子必須會做，那就不是預習了，而是學習。兩者是有差別的學習活動。

寫作業是學生應該有的「學習心態」，而不是「學習任務」，父母在孩子剛剛入學的時候，不要把它歸入孩子的學習任務，因為一旦成為任務，就會有完成和沒完成的狀態。而做為一種心態，就會形成本能，就像我們熱了會找涼快的地方休息，餓了會找食物，這都是人的本能。總而言之，孩子的寫作業心態，是建立在父母對作業的正確認知上。

學習情緒會影響學習態度

在孩子的學習過程中，有個奇怪現象：最初走進學校時，每個小孩都非常高興，他們對學校充滿了好感，喜歡學校溫柔甜美的老師；喜歡和小朋友們一起排隊做操、背誦兒歌、學習英文；喜歡和同學們一起吃飯、喝水；喜歡和同學、老師一起打掃……可是這種好感為什麼隨著孩子年齡的增加逐年消失殆盡？是什麼讓孩子對上學的態度發生了這麼大的變化？這種變化是一天完成的嗎？

樂樂今年上五年級，他每週都要因為學習的事情和媽媽最少起三次衝突。可樂樂以前也很願意學習呀，從什麼時候他開始不喜歡甚至厭煩學習了呢？媽媽也不知道。

孩子最親近的人往往最容易捕捉孩子的情緒變化，而造成情緒變化的原因往往也來自家裡。父母是孩子最信任的人，也是可以最準確捕捉孩子情緒變化、態度轉變的人，所以父母要格外注意孩子這幾點變化：

一、孩子突然不願意寫作業

對於小孩子來說，他們還不能好好控制自己情緒，他們的表現很直接，不願意就是不願意，不高興就是不高興。當父母發現孩子某一天突然有了變化，就要想辦法為孩子營造安全的氛圍，鼓勵孩子說出自己的想法，第一時間掌握孩子情緒變化的原因。

一般孩子不願意寫作業的原因可能如下：

- **在課堂上沒有聽懂**：因為沒有聽懂，所以不會寫題目，這是孩子不願意寫作業的主要原因。遇到這樣的情況，父母就要及時把孩子當天沒學會的知識補上，避免孩子由一個點的不會，引發一條線的不會，從而導致一個面的不會。當然在學習之後，更要和孩子溝通，瞭解是什麼原因導致他上課沒有聽懂。如果是因為分心，就要導正孩子上課聽講的態度；如果是因為紀律問題導致的不會，就要告訴孩子嚴格遵守課堂秩序的重要性；如果是孩子自身理解的問題，父母就要更加重視對知識的預習，不僅要加強預習的廣度和深度，還要注意複習的層次和方法、複習內容和時間的安排等等。對待孩子的學習問題，父母要更細緻、更敏感地察覺，第一時間避免孩子成績下滑。

- **在學校受到了責罵，回家想引起父母的重視：**很多孩子希望通過自己行為的改變，讓父母發現自己的不同，從而引起注意，讓父母主動關心自己。有時候小孩子會鑽牛角尖，把老師的教育當做對他個人的懲罰，又不願意正面和父母探討問題，所以企圖透過特殊行為引起父母的注意。這個時候父母就要留心觀察，站在中立的角度，讓孩子有說話的機會，幫孩子分析，讓他們看到自己的問題。通常有這樣舉動的孩子，可能性格比較內向，遇到事情容易縮到自己的世界裡；也可能是父母保護比較周到的孩子，較少從客觀的角度認識自己。這樣的父母容易導致孩子心理不健康，因為不是所有人都可以袒護他的錯誤。幫助孩子客觀的認知自身是父母的責任。
- **因為貪玩不願意寫作業：**愛玩是孩子的天性，特別是男孩子，自我約束力較差，比較好動。但是近年來，由於對兩性教育的推廣，男孩女孩的性格區分越來越不明顯，有些女孩子比男孩子還要活躍。如果孩子不主動寫作業，靠自己也很難改善的話，這時父母就要加倍關注孩子，有時孩子會因為一次改變，從而喪失一個好不容易養成的習慣。比如孩子因為隔天有運動會，變得非常不願意寫作業，這個時候父母就要穩定孩子的情緒，給他一個更安靜的學習環境，讓他把注意力再次轉回到作業上——父母有效的引導至關重要。

二、孩子寫作業突然特別積極

這是所有父母都期盼看到的狀態，如果孩子對作業突然產生高度興趣，可能就能讓孩子取得更大的進步，甚至成為人生的轉捩點。父母要利用這種轉捩點，趁機給予孩子鼓勵、誇讚，讓孩子把這種狀態變成一種習慣。孩子寫作業行為的變化，一般和學校的課堂學習有直接關係，也許是老師的表揚、同學的讚美都會讓孩子對自己有了信心，從而激發了學習的內在動力。外在因素很難改變內在因素，內在因素卻可以改變一個人的行為。父母要充分利用孩子的這種內在動力，提高孩子對學習的積極性。

三、孩子的情緒、行為突然發生變化

平時孩子特別愛說話，而某天變得異常安靜，這有可能是孩子在學校遇到了什麼不愉快的事情。做為父母，我們要給予孩子更多的關心和愛護，給孩子安全感，讓他能夠和父母交流。在這樣的情況下，疏通孩子的心結就比寫作業重要得多。關注孩子的心理健康，才可以讓孩子健康地成長。再比如，孩子突然有一天不願意寫一向喜歡的英文作業時，可能是孩子在學習上遇到挫折。總之，父母要細心瞭解孩子的變化原因，不要讓一時的問題影響到第二天的學習，避免錯過最佳的教育和輔導期。

¿#! 好的生活習慣，能提高學習效率

在小學階段，特別是一到三年級，學習習慣的養成是最重要的學習任務，比如上課專注、做事有順序、整理書包等等。一個優秀的孩子一定具備良好的習慣，好習慣的養成是孩子終身需要的學習力。在孩子小一到小三的時候，不僅學校老師，父母也要有意識地培養孩子的好習慣。

在家裡，父母可以幫助孩子形成哪些習慣呢？

一、獨立整理書包

在父母的眼裡，孩子永遠是小孩子。父母總是擔心孩子無法自己解決事情，這種思想是阻礙孩子成長的最大障礙。在學校裡，孩子們的書包自己整理，但是回到了家裡，

父母總會插手代替，特別是媽媽們，總覺得孩子動作不靈活，浪費時間。這時父母一定要管好自己，做到引導就好，不要代替孩子做所有事。父母可以根據自己的人生經驗，指導孩子哪些物品可以先放、哪些物品後放，也可以示範給孩子看，但是一定要讓孩子自己去完成。不要擔心孩子把書弄皺了——第一次的不完美，才會有第二次的進步。

孩子每天學習結束後，父母可以陪孩子整理書包，一直到孩子能夠獨立完成，在這個過程中，父母不要吝嗇對孩子的鼓勵和讚美。你的肯定會讓孩子覺得這是一件重要而且驕傲的事情。

整理書包看似是件小事，其實對孩子今後的發展很重要。一個人如果沒有良好的物品整理習慣，以後做事也會缺乏條理性。在整理的過程中，訓練的不僅僅是收拾書包的能力，也是對孩子的邏輯思維、執行能力、做事態度的訓練。

二、良好的書寫習慣

很多高年級的父母抱怨，孩子的筆順錯誤、錯字多、寫字潦草，這都是因為孩子在低年級的時候，沒有養成良好的書寫習慣。漢字的筆順有自己的規則，這套規則講起來容易，執行起來卻不簡單，比如內外結構的字，有很多孩子為了省事，就先劃一個方框，再填上裡面的部首。這樣寫出的字，老師無法發現錯誤，卻會形成一種潛意識——書寫可以不按照規則去寫，大量的筆順錯誤就這樣累積而成。父母在陪伴孩子的過程中，比老師更容易發現這樣的錯誤，更能及時對孩子進行糾正。

三、認真完成非書面作業

到了高年級，很多學生對老師出的非書面作業容易馬虎混過，因為老師無法澈底檢查這種作業，父母卻可以落實檢查。英文、國語都是需要逐步提升語感的科目，所以非書面的、朗讀的作業對於孩子學習能力的提升，就十分重要了。

四、自主思考

一份有效的作業可以幫助孩子提升解決問題的能力，所以在寫作業的過程中，如果出現孩子不會的題目，父母應該感到高興。特別是國中之後，老師正是根據作業中學生呈現出的問題，來修正自己的教學方案。

當孩子暴露出自己的問題，父母要鼓勵孩子去使用老師教授的方法進行解決，並且及時進行總結歸納，這對打下孩子自主學習的基礎很有幫助。

五、做事有效率、不拖拖拉拉

到了高年級後，寫作業的時間變長，但是很多孩子卻要用到四、五個小時去完成，有的甚至寫到深夜。這是因為孩子沒有養成有效率的習慣。良好的習慣，可以讓孩子受用終生。在一年級的時候，我們就要訓練孩子到家洗手、換衣服，然後在安靜的學習環境中獨立完成作業的模式；當孩子養成這套模式，就算年級漸長、作業量增加，也不必擔心會寫到半夜了。

POINT

提高孩子寫作業效率的方法如下：

1. **回家第一件事情就是寫作業：**即使距離學校再近，從學校到家往往也要超過十分鐘，這個時間足夠孩子休息了。所以孩子到家後，就要洗手，然後開始寫作業。
2. **環境擺設要簡單：**提供孩子一個擺設簡單的學習環境，利於孩子集中注意力。包括孩子的文具都要簡單，過多的文具會分散孩子的注意力，在挑選中浪費大量時間。

3. **提供安靜的環境：**寫作業是一個注意力高度集中的過程，父母要避免和孩子交流，不要用任何理由打擾孩子學習，就算在寫作業的過程中發現孩子的錯誤也一樣。即使要處理，也要等到孩子完成作業再進行。父母要訓練孩子，在不會的題目前做上標記。要允許孩子有不會的內容，也要允許孩子出錯。很多父母面對孩子的「不會」就會發怒，最後使得孩子對作業充滿了恐懼。父母一定要有這個概念：「孩子不會是正常的」，不要因為孩子不會某些內容而失去理性。

4. **一次完成一項作業：**有的孩子一會兒寫英文，一會兒又寫國語，然後又回過頭來寫英文，這是錯誤的安排。要養成良好的寫作業習慣，就要鍛煉孩子做完一項作業再做另一項作業，不可以好幾項交叉來做，這樣會降低學習效率。

5. **做作業要從容易到困難：**困難的作業要放在後面處理。如果一上來就做難題，會打擊孩子的自信心，越到後面就越容易拖延來緩解自己的內心焦慮。萬事起頭難，所以開頭要從簡單的、自己擅長的科目入手。要尊重孩子，難易度要讓孩子自己判斷，而不是父母強勢規定。

6. **正面評價很重要：**對於剛入學的小朋友來說，父母積極肯定的評價，可以培養孩子做事高效的習慣。父母可以根據孩子的個別情況來制訂時間表、獎懲制度，激勵孩子形成良好的作業習慣。父母要做到評價客觀、公正，不要因為對孩子的愛而變得沒有原則。做好孩子完成每項作業的統計，便於督促孩子不斷地提高效率、養成習慣。

7. **不同的孩子，引導方法也不同：**有的孩子喜歡追求完美，總是寫了擦、擦了寫，浪費了大量時間。這種孩子一般對自己要求很高，自尊心也強。對於這樣的孩子，我們在守護他們積極的學習態度時，也要告訴孩子作業評價的標準及時間，來加強他們的時間觀念。我們也要積極表揚孩子，幫助他們逐步改善。最好在初期就能及時制止他們浪費時間的行為，比如把孩子的橡皮擦收起來，告訴孩子想好了、看準了再寫。

還有一種孩子缺乏「學習心態」，他們總是邊寫邊玩。一般情況下，這是父母未能嚴格要求，讓孩子無限制地獲得寬鬆的氛圍而養成的不良習慣。首先，父母要先改變自己的教育理念，不要縱容孩子。還有一種孩子屬於學習有困難的類型，這樣的孩子信心不足，更需要父母的鼓勵和引導。這類孩子做事用的時間長屬於正常現象，父母必須接受客觀事實，也可以求助於更專業的人員。

挖掘更多孩子的潛能

許多父母都問過這個問題：「應該幫孩子報什麼才藝班？」

我個人的意見是，當孩子沒有明顯表現出自己的興趣時，父母可以盡可能讓孩子參與各種活動。經過一段時間的觀察和孩子的自我探索後，自然會形成一些選項。

在培養孩子興趣特長的過程中，我不建議父母採取下面的方式：

一、別的孩子學習什麼，我的孩子就學習什麼

因為孩子的生活環境、自身素質等客觀條件不同，父母在培養孩子興趣方面，不可以人云亦云。

很多父母看到其他孩子都在學鋼琴，就給孩子買鋼琴；看到別的孩子都學芭蕾，

就幫孩子選擇芭蕾，這種做法並不可取。孩子做自己不喜歡、不適合的事，不僅什麼都學不到，更浪費時間。

二、隨意地挑選老師

幫孩子選擇才藝班時，要選擇專業性高的老師。無論學習什麼，孩子都有很強的「向師性」，也就是老師對孩子的影響很大。專業性高的老師，有可能一下子就激發出孩子的學習興趣。我的學生笑笑就是因為遇到的英文培訓老師非常優秀，從小就對英文非常感興趣，後來參加了很多全國性的英文比賽，取得了非常好的成績。

我建議父母在幫孩子選擇老師的時候，一定要親自看一看、聽一聽，為孩子把關。同時還要重視教育的特殊性，不同的才藝教育，有不同的注意事項。家長也可以諮詢自己熟悉的教育人士，幫助自己做出判斷，不要輕易地被表面現象所蒙蔽。

很多父母認為：「因為某某老師上課風趣幽默，課堂活躍，孩子很喜歡，所以我們就報了這個老師的課。」但我不贊同這種判斷方式，每個老師都有自己的獨門招數，但是招數不代表專業性。這二者如果要排序的話，專業性應該放第一位，方法放第二位。「良師出高徒」，這裡的良師指的是真有專業本領的人。

三、盡量選擇父母自己熟悉的興趣特長

對孩子來說，父母是最好的老師，如果是父母熟悉的內容，就更能幫助孩子學習。

四、堅持和放棄都要果斷

比如有的孩子真的缺少運動細胞，父母非要讓他練習溜冰，這樣做既浪費時間，也耽誤了孩子的發展，還可能造成孩子厭學。反之，如果發現孩子真的在某一方面有興趣，但是因為孩子的主觀原因（比如怕吃苦）想放棄，父母就要為孩子堅持下去，而且態度要堅定，不能以孩子的意志做為最終的判斷標準。孩子往往很難想得長遠，此時父母要做好孩子的監護人，為孩子的未來做好打算。我看過很多過於順從孩子的意志，而導致孩子學無所成的案例。父母要本著負責的態度，為他選擇正確的路。一味聽取孩子的意見，往往和溺愛造成的後果是一樣的。

在孩子的人生中，學校教育的影響舉足輕重，同樣，家庭教育也占了一大要角。做為父母，我們應該為孩子更好地整合資源，做好人生規劃。

每個人的能力不同，無論是什麼樣的教育方式，都要尊重孩子的個體差異，做到

因材施教。如果我們根據孩子的學習能力，把他們分為以下三種類型，就可以據此安排孩子的興趣培養。

1. **快速學習型：**這類學生學習能力較強，能力發展均衡，學習輕鬆，興趣多，精力旺盛。針對這類學生的培養方式是：在尊重孩子意見的前提下，讓孩子有機會接觸到更多元的教育，開發出更多的學習潛能。在參與學習的過程中，以老師的客觀評價為前提，尊重孩子的意願，為孩子提供學習機會，做出綜合性評估。合理分配時間，做好後期訓練，目標清晰，檢查確實，避免半途而廢。

2. **均速學習型：**這類學生有一定的學習能力，學習態度端正，已經養成了學習習慣，可以完成一定的學習任務，在課堂上學習的負擔不重，沒有明顯的興趣取向。這類學生的培養方式應該是：父母要權衡孩子、家庭、師資等綜合因素，有針對性地選擇興趣項目，數量不要過多，最好控制在三項以內。要做到以學校學習為主，興趣愛好為輔。主要目的是開發孩子的學習潛能，但又不讓孩子負擔過重，避免因此產生衝突。

3. **慢速理解型：**這類學生的學習能力相對較慢，還沒有養成良好的學習習慣，完成學校學習任務困難，學習課業負擔比較重，也沒有表現出明顯的興趣取向。

這類學生的培養方式是：在培養孩子興趣愛好之前，一定要先培養孩子健康的心理素質，學習不能以傷害孩子的心理健康為代價。尊重孩子的學習需求，如果孩子沒有表現出強烈的學習欲望，父母要坦然面對，不要增加孩子的學習負擔。不要覺得別人都學，自己的孩子就要學，這樣反而會產生反效果。

根據目前社會上大多數孩子的學習情況，我們可以把孩子的學習活動分為兩種：在學校內，孩子學習的是學習態度、學習習慣、做人準則和人文知識；在學校外，根據孩子的學習潛力，給孩子提供更多、更豐富的內容，讓孩子的綜合素養得到提升。因此，課外學習是更需要父母陪伴的學習，父母要全面地評估，做出正確的判斷，並且全盤瞭解孩子的特點後，為孩子的未來創造更多的可能性。

POINT

無論孩子選擇了哪些課外學習內容，都建議父母要把握以下原則：

- **第一，持之以恆**

在選擇並確定了適合孩子的興趣以後，父母要時時關注孩子，在孩子意志薄弱時，做孩子的精神後盾，不能也不要讓孩子輕易放棄，興趣培養的過程也是對孩子意志力的鍛鍊。

●第二，不要以孩子的意志做為唯一的判斷標準

前面已經提過，國中以前，孩子的目的性還不強，父母不可以以孩子的意志做為唯一的判斷標準，不要把尊重和溺愛混淆。

●第三，制定目標規劃

對孩子興趣愛好的培養，很多父母都是這樣認為的——「我們又沒要出國比賽，就是有個興趣就可以了。」我並不是很贊同這樣的想法。學習是一件嚴肅認真的事情，既然學習了就應該讓孩子的意志力得到磨練，而不能當成遊戲，高興了就學，不高興了就不學。在孩子精力、體力都很旺盛的情況下，一旦選擇了學習，就要目標明確，規劃確實，這種學習態度對於孩子今後的發展才是有幫助的。

只有做到了以上三點，才能挖掘孩子的潛能，促進孩子的全面發展。

第七章

陪伴孩子成長教我的事

父母所有的幫助和參與，都是為了終有一日能放手，讓孩子獨自面對和解決。世間所有的愛，唯有父母對孩子的愛是以分離為目標。做為父母，要放下糾結，放下老是想糾正孩子過錯的心態吧，與他們一起渡過快樂時光，一起歡笑、一起成長。

教養不是帶領，而是陪孩子一起前進

我的母親出生於五〇年代以前，她有著那種在大街上隨處可見的老奶奶形象，她沒有上過一天學，就連寫自己的名字，也像疊積木般一筆筆畫出來。媽媽一生哺育了三個孩子，又幫我們三個帶大了四個孫子，她現在已經滿頭白髮了。但是我們一家十幾口人聚會吃飯時，媽媽還是會操心一切，因為她覺得為孩子做什麼都是應該的。

像這樣一心只為孩子的媽媽有很多，她們習慣了給予孩子一切，她們認為只要孩子幸福，自己就幸福了！在教育孩子上，很多父母都是全身心地投入，無怨無悔地奉獻，在奉獻中，他們也享受著陪在孩子身邊的獨特幸福感。

就讀明星高中的小若，她的目標是去英國的劍橋大學留學。為了幫她實現人生理想，從國中開始，爸爸、媽媽每年帶她去英國旅行兩週，讓她更近距離感受劍橋的氣息。

小若的父母都是研究所畢業，畢業後就留在了這座城市。小若從出生到現在大部分時間都和父母在一起。爸爸、媽媽的分工明確，媽媽負責她的生活起居，爸爸負責她的理想和實踐。

媽媽是個內心細膩、做事仔細、考慮周全的人。小若從小就比別的孩子瘦弱，所以媽媽格外留意小若的飲食。小若不愛吃蘋果，媽媽就把蘋果做成蘋果餡餅；小若不愛吃月餅，媽媽就帶著小若把一塊塊月餅拆了，餅皮用麵粉再次加工後，做成一個個心形的點心，小若一次能吃掉好幾個。為了讓小若有胃口，媽媽會在煮給她的麵上，用菠菜小心地拼出花的圖形。媽媽總是用愛心為小若創造出食物最完美的樣子。

小若愛看書，爸爸就把自己的書架給了小若，她的書從一本到十本，到一百本、一千本地增加，而爸爸的書就一本一本地從書架上取下來，放進櫃子頂的大箱子裡，要是爸爸想要查資料，乾脆就站在梯子上看完。

小若每天都會在書架前待上幾個小時，從小學四年級開始她就迷戀英文小說，她總是說：「劍橋的學生都說英文，沒有練好英文可不行呀！」爸爸就拜託國外的朋友，寄來小若喜歡看的英文書。偶爾爸爸到國外出差，回來的行李裡都是小若喜歡的國外作家新書。

小若對音樂有著異常好的天賦，特別是吹薩克斯風。從小學二年級開始接觸薩克斯風之後，她就深深地迷上了薩克斯風獨有的音色。買第一把薩克斯風的時候，小若還不到八歲，她看著金燦燦的薩克斯風，一整晚都不捨得放下，即使上了床還要跑下來打開盒子，用手摸了又摸確認薩克斯風還在她的房間裡，才重新上床睡覺。別的小孩吹上半個小時，就會因為缺氧頭疼而不再練習，而小若吹一個多小時都不喊累。儘管小若吹出刺耳的聲音，媽媽也總是用欣賞的目光望著小若，那神情彷彿在對小若說：「這是我聽到的最美的音樂。」為了幫小若更快地提升薩克斯風的演奏水準，媽媽會和小若一起讀譜，會和小若一起聆聽老師指定的曲子，每週還會帶小若去劇院看交響樂的演出。每次看完演出，小若都心滿意足地告訴媽媽：「有一天我也要和他們一起演出。」

小若上國中二年級的時候，真的開了第一場個人薩克斯風演奏會，儘管只是在學校，但是小若實現了自己的理想。儘管小若現在還在讀高三，但是每週仍然跟著學校樂團一起彩排，她現在已經有了四把不同型號的薩克斯風，這是她最大的寶貝。音樂給了小若更好的人生享受。

小若還有一個愛好，就是拼圖。媽媽已經記不清小若第一次玩拼圖是幾歲，也許剛滿一歲吧。拼圖成了一家人家庭日的必玩遊戲。小若平時表現出色時，爸爸、媽媽就都買拼圖做為獎品。拼圖的大小取決於小若進步的幅度，進步多就可以買一盒片數多的拼圖。為了獲得自己喜歡的拼圖，小若每週都很努力。媽媽是家裡的美學大師，那些有挑戰性的拼圖，拼好後媽媽都會把它們裝在框裡保存下來。特別有紀念意義的會掛在牆上，比如小若因為考了全校第一名保送到了最好的高中時，獲得的〈奔騰駿馬圖〉就掛在了客廳。

小若玩拼圖的時候，爸爸、媽媽無論多忙都會和小若一起拼，小若指揮，爸爸、媽媽執行，一家人緊張、忙碌卻又溫馨。有時候，幽默的爸爸會和小若開點小玩笑——藏起一兩片，讓小若急得團團轉，最後爸爸會坦白交代，並打趣小若沒看好自己的禮物，太不負責任了。當然小若也遇到過無法完成拼圖的情況。她有一盒〈倫敦橋〉的五千片拼圖，最後差了一片，怎麼也找不到，至今還被媽媽收藏著。爸爸說：「屬於你的一定是你的，我們靜靜地等待它的出現吧！」

這一家人還有一個共同的溝通方式，都喜歡用文字表達需要。小若耳機掉了，她會寫一段便箋悄悄地放在桌角，媽媽看到了，就會為她買回來。小若送爸爸的生日禮物，總會附上一首長詩，而爸爸也會回贈給女兒一篇唯美的散文。小若喜歡文字，更喜歡用文字和爸爸媽媽交流。

小若是個優秀的女孩，更有一對優秀的父母。在女兒成長的道路上，爸爸媽媽和她分享快樂，和她一起拼出美好的生活。孩子就是上天賜給每對父母最完美的禮物，當你越珍視，禮物才越有價值。孩子慢慢成長的過程，也是我們為人父母慢慢懂得愛的過程。

有著大智慧的小若父母，他們用心規劃著小若的每一步，但是每一步走向哪裡又似乎是小若自己選擇的，爸爸、媽媽只是隨著小若的每一步前進著。小若父母用愛陪著小若的成長，同時，小若的成長也給予父母幸福。

小若的父母透過陪伴孩子，見證了生命的成長歷程。時光匆匆，很多人在這個世上似乎一點痕跡都沒有留下，但是小若的父母，就像時間的管理者，他們把時鐘調慢，慢慢地享受著小若成長帶來的幸福感。他們從女兒的蹣跚學步到亭亭玉立、從懵懂無知到貼心可人、從第一聲哭泣到喜怒哀樂……都一一見證著。在這個過程中，他們自己也在成長，從最初的不知怎麼為人父母，到最後的坦然從容；從最初的艱辛付出，到最後的收穫滿滿。

而陪伴孩子，也讓他們獲得了更多的快樂。如果沒有小若，也許媽媽的廚藝無法更精進；如果沒有小若，爸爸永遠不知道女兒的撒嬌是如此可愛；如果沒有小若，爸爸、媽媽永遠無法享受到與孩子一起進步的滿足感。正是陪著女兒一日一日地成長，爸爸、媽媽也收穫了更多的滿足和快樂。

沒有血緣關係，卻更像真正的家人

每個期盼小生命到來的家庭，在第一次看到自己的結晶時，那份激動、不可思議簡直無法用語言表達。儘管我很努力地想用一些詞彙，來形容父母看到新生命那一刻的感受，但是太難了，只有經歷過的人才會懂得。

小希和小望都是一生下來就被父母遺棄的不幸孩子，但他們倆無疑也是世界上最幸運的孩子。

小希比小望大二十一天，小希是女孩，小望是男孩。一次偶然的機會，他們未來的媽媽隨朋友去孤兒院探訪，當她看到院長懷抱著剛剛送來的小希時，心都融化了。

小希當時瘦弱的像一隻小貓，每次喝完幾口奶都要抱很久才不吐出來。小希和手心一樣大的小臉上，大眼睛似乎佔了一半，黑黑的眼珠充滿了靈氣。媽媽第一眼看到小希的大眼睛，心底的母愛油然而生，用她的話來說就是「看到那雙大眼睛，我的心都融化了」。她從來沒有抱過孩子，卻沒有一點慌張，很輕鬆地就把小希抱在了懷裡，那一刻她覺得這就是上天送給她的女兒。

她會帶走小希已經是一個意外，一起帶走小望更是出乎意料。在她即將離開孤兒院的時候，小希莫名其妙地開始拼命哭泣，似乎天大的不願意。媽媽手足無措。院長也覺得奇怪，照顧小希的保母趕了過來，保母的懷裡抱著一個更小的寶寶，當保母把懷中的寶寶放在小希的旁邊時，小希就不哭了。媽媽看到那個更小的孩子，突然有了一個堅定的想法：這也是她的孩子！而這就是小望。

小希和小望都是早產兒，而且在母體的時候營養不良，所以各個器官的發育都不太好，對他們倆來說，吃奶是非常困難的事情。媽媽從來沒有做過母親，但是對他們兩個卻是耐心又細心，甚至推掉了所有的工作，盡心盡力地照顧他們。

為了提高兩個孩子的身體素質，媽媽經常帶他們去郊遊，還陪他們參加武術班，每天和他們一起運動，他們倆的餐點都是精心製作的，水果、蔬菜、肉搭配均衡，為了照顧兩個孩子，媽媽還把七十多歲的外公、外婆接來同住。

媽媽為了兩個孩子的教育更是費盡心思。他們上學的時候，媽媽已經年近五十，體力、精力都變差很多，但是媽媽一點沒有覺得陪伴他們是一件麻煩事。他們雖在同一個班級，但表現出來的學習能力卻截然不同。姊姊小希記憶力好，背誦英文、國語都輕而易舉，可是數學的邏輯性卻很差；弟弟小望恰恰相反，他很不擅長背誦，一篇英文課文背了幾天，還是忘東忘西，但是數學解題能力卻比姊姊強很多。姊姊愛看書、愛寫作，每天都抱著書不停地看；而弟弟卻是一看書就想睡，只喜歡舞槍弄棒，武術練得很好，小學五年級時就已經獲得了很多全國性大獎。

媽媽每天都會幫他們輔導功課。媽媽先檢查姊姊的課文背誦，再幫助弟弟聽寫，給姊姊講完數學題，又指導弟弟英文。姊姊因為上課看書被老師責罵，媽媽就和姊姊談談上課聽講該有的禮節。弟弟在學校沒有寫完作業，媽媽拉著弟弟聊聊寫作業應有的心態。

一般家庭養一個孩子都很辛苦，何況是兩個孩子呢？媽媽有的時候累得真想躺下再也不起來。可是每到週末，小希一早就會為媽媽熱好牛奶，這時候媽媽覺得她就是世界上最幸福的人了。每次去超市，弟弟都會擔起家中唯一男孩子的職責，接過媽媽手上所有的提袋，過馬路的時候，弟弟還會擋在媽媽的身前，幫媽媽左右看看，安全了才會讓媽媽走。姊姊得了獎狀，一定貼在媽媽的房間；弟弟在學校得了獎品，一定留給媽媽。媽媽覺得她擁有了全世界最好的愛。

他們一家三口有時會去長途旅行，弟弟負責收拾行李，就連媽媽每天需要吃什麼藥、需要帶哪些防曬品，他都會一一仔細核對。因為媽媽年紀大了，姊姊就負責行程規劃，因為媽媽容易睡不好，她會找位置相對偏僻的住宿，不讓外面的噪音吵到媽媽睡覺。

兩個小傢伙只有十一歲，卻異常懂事。媽媽在他們很小的時候，就告知他們的身世。每年媽媽都會帶他們去孤兒院做義工，並趁機教育他們要把愛給予更多的人。母子三人每年都要拍一張全家福，記錄孩子們的成長。媽媽總是說：「感謝上帝給了自己最寶貴的禮物！」

只有懂得愛的人才能感受愛的存在，只有付出愛的人才會收到愛的回報。每次見到小希和小望，我都覺得人世間的愛永存！媽媽原本可以過著非常舒適、簡單的生活，不用擔心孩子因為吐奶被嗆到、因為生病而受罪、因為沒有被老師表揚而情緒低落。

但是，媽媽放棄了一個人自由舒適的生活，為那一刻心底的柔軟，承擔起了無盡的責任，也正是在陪伴兩個小傢伙成長的過程中，媽媽感受到了滿滿的幸福。

也許我們在陪伴孩子的過程中，難免經歷很多痛苦。孩子成績差會被老師請去談話，孩子不寫作業會讓我們煩躁不安，孩子做事沒有效率會讓我們怒火沖天，孩子做事丟三落四會讓我們著急上火，孩子總是聽不懂老師的課會讓我們捶胸頓足，孩子生病受傷會讓我們揪心難熬，孩子寫字亂七八糟會讓我們心煩意亂……孩子的錯誤隨時牽動著爸媽的心，有多少父母曾大聲地自問：「我為什麼要生孩子？」；有多少父母會因為孩子覺得面子盡失；有多少父母因為孩子的出現，打亂了自己的人生安排；有多少優秀的父母，因為孩子覺得抬不起頭來……在孩子成長的道路上，父母確實會經歷很多挫折，但我們不也是從孩子的錯誤和失敗中，感受到了生命的真義嗎？

陪伴讓小希和小望的媽媽收穫了什麼呢？

- **找到了孕育新生命的價值：**儘管小希和小望不是媽媽親生的，但是媽媽在孩子成長的過程中，完美履行了母親的職責，她把全部的愛給予兩個孩子，她關心他們的身體，重視他們的思想，在生活的點滴中，她感受到為生命延續的付出，讓她感受到了生命的價值。還有什麼比讓人類的延續、生命的流傳更有價值的事呢？

- **媽媽用自己的博愛教會了孩子去愛：**精神的延續更需要以身作則。媽媽博愛的思想，從小便影響了兩個孩子。兩個孩子從小便學會了付出、給予、關愛。小愛容易大愛難，媽媽無私的愛，會在無形中教會兩個孩子，以後成為有博愛精神的人。
- **享受到了做為母親的快樂：**一在養育兩個小孩的過程中，媽媽付出了很多，但是正是這種付出，讓她認識到了什麼是「母親」，自己也更懂得家的意義。她既幫助了孩子，孩子也幫助了她。當媽媽的閱歷豐富了她的人生，讓她的人生更有意義，這種快樂是任何人都無法給予的。一切盡在不言中，一切盡在「母親」裡。

從不及格邊緣到高分畢業的「奇蹟女孩」

很多時候，我們必須勇敢地承擔起自己的責任。面對困難，只有自己可以幫助自己。盈盈媽媽的一句話，讓我明白了什麼是父母的責任——「我是她媽媽，我不管她誰管她？！」

盈盈三年級的時候，期末考試數學得了四十七分，國語得了五十二分，英文得了六十四分。面對這張成績單，我想任何一個母親都會有絕望感——孩子已經有兩科不及格了，這可怎麼辦呀？家長會結束的時候，各科老師都要求盈盈的媽媽留下來，要和盈盈的媽媽談談。談話的主題只有一個：孩子的成績太糟糕了，媽媽要想想辦法。

一個老師管著兩個班的八、九十個孩子，能有多少精力分給盈盈呢？更何況每個班裡都有像盈盈一樣的孩子，都需要老師的輔導。老師話說的誠懇，但是對於媽媽來說，等於宣判盈盈已瀕臨末期，對媽媽來說無比絕望。

到底該怎麼辦呀？媽媽手裡拉著九歲的盈盈，她自己也找不到問題的答案。盈盈出生後基本上由爺爺、奶奶照顧。媽媽下班時間比較晚，到家都要七、八點鐘了，一直以來盈盈的老師讓簽名媽媽就簽名，老師讓交回條媽媽就交回條，可是媽媽從來就沒陪過盈盈，媽媽覺得小學的功課還需要輔導嗎？今天她知道了，小學的功課盈盈也會不及格，看著即將落下的太陽，媽媽特別想哭，她內心呼喊著：誰來幫幫我的孩子呀？

答案只有一個：她自己！從這一天開始，盈盈媽媽就和公司的主管商量，調整了自己的工作時間，六點就能回到家。

盈盈的第一個學習障礙是記不住字，所以她的考卷上滿滿的空白、錯別字。比如，第一題「看注音寫國字」有十六個字，瑩瑩錯了七個。別的小朋友一個字寫三、四遍就會了，而盈盈讀完好多遍，又抄了兩行，聽寫還是不對。媽媽只能又讓她抄四行，再聽寫，雖說有進步，但還是有錯。媽媽也沒有其他的好方法了，只能陪在盈盈身邊鼓勵她，告訴她寫會了考試就能及格。盈盈也渴望自己的成績能夠好起來，所以只要媽媽說這樣多寫可以及格，盈盈就頭也不抬地繼續寫。盈盈光寫字就要用上一、兩個小時，而媽媽就要在盈盈身邊陪伴一、兩個小時。盈盈累的時候，媽媽會幫盈盈拍拍後背、捏捏小手，鼓勵她再堅持一下。

第二天，盈盈還是會忘了很多寫過的字，媽媽就把她忘記的字做成單字卡，先讓她一個個地認，會的放一起，不會的放一起。不會的媽媽再想辦法在卡片後面畫上圖畫，圖畫的內容都和單字有關。媽媽的繪畫技巧並不好，但是盈盈都看得懂，自從採用這樣的方法，盈盈記住的字更多了，只不過盈盈還是會忘。

媽媽每天堅持讓盈盈讀、認、寫、聽、默。一段時間後，盈盈在學校的聽寫成績由「不及格」上升到了「良」，偶爾盈盈還可以做到全對，老師開心極了，表揚了盈盈，也告訴盈盈媽媽孩子的進步，表示媽媽管不管孩子，差別很大。盈盈媽媽則更加堅定了自己的想法：「我不管她，還有誰會管她？」

盈盈的第二個障礙是數學解題，考卷上有六題，盈盈只對了半題。盈盈讀不懂題，她不知道「每本書十二元，三本書一共多少錢？」要用什麼方法計算。一年級的時候不是減法就是加法，盈盈還可以猜對一半，但是多學了乘、除後，她總是猜錯。媽媽按照老師說的，讓盈盈多讀幾遍題目，盈盈讀了五遍，還不時用眼角偷看媽媽的臉，因為她知道她猜對的時候，媽媽會笑。可是盈盈還是不懂，這可怎麼辦呢？

媽媽就把盈盈做錯的題一題抄一頁，然後又在下面寫五題相同題型只是換了數字的題目。她讓盈盈仔細記住題目的樣子：有兩個數字，一個是一份是多少，一個是幾份，這就是乘法。媽媽還找來相同的三本書，用書擺給盈盈看，盈盈似乎懂了媽媽的意思。自己再做的時候，如果是四本書，她就自己擺四本。第二天媽媽乾脆買了很多相同的東西，買三箱牛奶、十瓶洗髮乳、二十盒衛生紙、十條牙膏等等，幫助盈盈做題目，果然，她的解題正確率提高了很多。後來，媽媽覺得這些東西過於笨重，又和盈盈一起把它們畫在卡片上，盈盈對這樣的學習很感興趣，一邊畫，一邊和媽媽比賽看誰畫得又美又快。

盈盈每天睡覺時，媽媽都會把盈盈做錯的題從頭到尾再抄兩遍，一份是讓她明天做，一份是讓她過兩天再做。幾天下來，盈盈媽媽就用掉了好幾本數學作業簿，盈盈也做了幾百道題，每天都要寫到晚上十點多。

當數學老師告訴盈盈媽媽，盈盈的數學有了很大進步，有的時候能做對四、五題了。媽媽和盈盈都高興極了。媽媽再次拉著盈盈的小手，和盈盈彼此打氣：「盈盈，媽媽知道你很辛苦，每天寫很多的字，再一起努力幾天就是考試了，你一定可以得到好成績。」盈盈歪著小腦袋，和媽媽說：「盈盈不辛苦，我很喜歡和媽媽一起寫字，我一定可以考出好成績的。」

盈盈學校辦了校外教學，盈盈用媽媽給的二十元，在旅遊景點買了一個八元的戒指，兩條五元的手鍊，一枝兩元的掏耳勺。老師看到了，有點不開心，別的小朋友都是買零食飲料、小玩具，盈盈買這些東西，怎麼就只知道愛美呢？回去的車上，盈盈坐在老師的旁邊，手裡緊緊地抓著這幾樣東西。老師讓她把東西放到書包裡，盈盈說戒指是送給媽媽的，手鍊是送給爺爺、奶奶的，掏耳勺是送給爸爸的。這一瞬間，老師被深深地感動了，盈盈有著一顆多麼美好的心靈呀，她的內心裡只有媽媽、爺爺、奶奶和爸爸，而沒有她自己。盈盈還告訴老師，現在每天媽媽都幫助她學習，她非常高興，自己要更努力，要不就對不起媽媽了。

盈盈小學畢業的時候，國語得了八十五分，數學得了九十六分，英文得了九十八分，成為學校老師心目中的「奇蹟女孩」。

好的陪伴，給予這對母女什麼呢？

- **教會了孩子懂得感恩：**九歲的盈盈懂得回報，擁有一顆善良的心，這和媽媽每日的陪伴很有關係。盈盈媽媽以身作則，讓盈盈學會了愛和被愛。讓孩子不僅不覺得辛苦，反而覺得這是一種最大的幸福。

- **體會到了做媽媽的意義和價值：**孩子需要的不僅是豐厚的物質，更需要情感的滋養、來自父母的關愛。盈盈媽媽陪伴孩子確實辛苦，需要付出更多的勞動和精力，但正是因為這種付出，她收穫了孩子在學習上的進步，也收穫了孩子給予她的肯定和愛，讓她感受到了做為母親的意義和價值。

真正的陪伴，是用「心」交流

你相信嗎？交流可以讓我們發現另一個自己。

小燁今年六年級了，個子已經和爸爸一樣高，穿的鞋子卻比爸爸大了兩碼，媽媽總是開玩笑，以後不用給爸爸買鞋子了，就穿兒子剩的。

小燁的鋼琴檢定已考過了九級，英文、數學也獲得了一大堆證書。他喜歡滑雪、游泳、潛水，一到冬天，一家三口就會在滑雪場待上幾天。因為爸爸是北方人，從小就很習慣雪，所以小燁算是跟爸爸在雪場學習的走路。

小燁的爸爸是一家大企業的中階主管，平時工作很忙，開會出差是常態，但從小到大小燁沒有和爸爸真正地分開過一天。因為爸爸即使出差，也會每天準時八點半和小燁視訊。

「爸爸，老師今天交給我一個新任務。」

「是嗎？什麼任務？」對於兒子的話，爸爸總是興趣盎然。

「現在班上有很多同學帶手機上學，老師要針對這個現象，召開一場辯論會。」

「真的嗎？你打算參加嗎？」爸爸充滿了好奇。

「我當然想參加，這是我們第一次召開辯論會，但是老師說我不能參加。」

爸爸表現得異常驚訝：「為什麼？」

「老師請我主持這次辯論賽，所以我不可以參加。」

爸爸的表情開始放鬆，高興地說：「那是老師信任你，他相信你有這個能力。」

小燁聽爸爸這樣一說，自己也高興起來：「我也是這樣認為，這是我們第一次辦辯論賽，很多東西我都不懂，剛才回家看了很多影片，原來辯論賽和我們平時的爭論完全不一樣，什麼正方、反方，一辯到四辯……」小燁滔滔不絕地說著他看一整晚影片的心得。小燁爸爸在另一頭津津有味地聽著，豐富的臉部表情有疑惑、有讚許、有敬佩、有尷尬，簡直可以製作一系列貼圖了。多年下來，小燁已經學會通過爸爸的表情變化來判斷對錯，爸爸的表情比書本上的任何一句話都要寶貴。

小燁喋喋不休地說了很多，似乎把自己所知道的都說完了，爸爸開始接過對話的棒子，說道：「小燁，你知道嗎？爸爸當年上大學的時候，就是學校辯論社的社長，我主要做二辯。」小燁聽到這裡，立刻驚訝表示：「真的嗎？你還做過辯手？」

「當然，你以為你老爸是條蟲呢？」

「哈哈，不可能，我老爸在我心裡就是個神。」

接下來，小燁的爸爸把自己在大學辯論社做的幾場精彩辯論，詳細地講解，把舉辦賽事的過程中可能會遇到的問題，也一一分析給小燁。小燁茅塞頓開，明白了一場辯論賽的背後需要哪些工作，對如何做好主持人，也越來越清晰明白了。不知不覺小燁和爸爸聊了快一個小時，媽媽催小燁睡覺，父子倆才下了線。

小燁與爸爸這樣的線上交流有很多，正是通過這樣一次次的交流，爸爸把自己人生的經歷分享給了兒子。

只要爸爸不出差、不開會，他一定會準時到家，從回家的那一刻起，就和小燁一起分享學習的快樂。小燁練琴的時候，爸爸會安靜地坐在另一側欣賞，爸爸沒有學過鋼琴，還沒有小燁懂得多，但是爸爸知道好的音樂可以讓人陶醉。他閉著眼睛，完全沉浸在兒子的演奏裡。小燁每每看到爸爸這副享受的神情，就會彈得更加專心。偶爾，他會因為自己彈錯而自責。爸爸會鼓勵他說：「沒關係的，彈錯了才會知道正確的音有多動聽，沒有比較怎麼會知道成功的美好呢？」這讓小燁即使彈錯了，也能自信、沉著地繼續彈奏。

爸爸最愛陪兒子一起做數學題。爸爸是理科生，不喜歡小燁中規中矩的解題，每當小燁寫完一題，爸爸就會把眉毛擰得緊緊的，想了又想後才問：「這題你怎麼想的？還有其他的想法嗎？」原來爸爸剛才是在思考其他的解題方法，要自己先想到了，才會和小燁討論。小燁只要一聽到爸爸這樣說，就知道自己的解法不是最佳的，還有更好的解決方法，於是他開始把自己的想法說給爸爸聽，爸爸聽得比聽下屬報告還認真。小燁還會主動問：「爸爸，你的想法是什麼，我們討論一下。」接著父子就會用各種方法論證各自的觀點，有的時候兩人為了爭論一道題，會在紙上畫了又畫。正是這樣認真研討的學習方式，讓小燁的數學思維總是很活躍，他思考問題總是比別的同學深入和縝密，方法多樣而且靈活。

正是爸爸這樣長年用心的陪伴，小燁得以健康成長。爸爸在小燁的成長道路上既是父親，又是思想的導師、行為的引導者。爸爸的陪伴給予小燁很多有用的人生建議，也讓爸爸收穫了兒子的尊重、仰慕和愛戴。

那麼，到底什麼是真正的陪伴呢？

- **第一，真正的陪伴不是時時相守**

很多父母以自己工作忙、事情多、沒時間，做為不陪伴孩子的藉口。這是一個迷思，其實只要心裡有孩子，陪伴的方法很多種，有時候一個Line訊息都可以讓孩子感受到母愛如水、父愛如山。在孩子成長的道路上，小燁的父親懂得「父親」這個角色對兒子的重要性，所以他把孩子的事情放在最重要的位置，和孩子每天溝通、視訊，但是溝通的內容不是「吃了嗎？」、「睡得好嗎？」，而是和兒子進行深層次的溝通。只有這樣的溝通，才會讓孩子覺得有用和重要，願意和父母交流。

- **第二，真正的陪伴會讓孩子逐漸確立人生方向**

爸爸在小燁遇到困難的時候，能根據自己的經驗給予正確的引導，這樣的陪伴才有價值。爸爸總是不斷地鼓勵小煒，不斷地指點，而不是空洞地讚美他，或無休止地指責他。對於孩子來說，只要你懂得尊重他，他自然也會打從心底尊重你。

●第三，真正的陪伴是代代相傳

父母要如何把自己身上的優點傳承下去呢？這不僅僅是靠帶著孩子去旅行，更不是靠言語呵斥，而是仰賴父母的智慧和陪伴。在陪伴中，父母要勇於表現自己的優點，很多父母都羞於在孩子面前表現自己的長處，可是不說孩子又怎麼知道，不知道又怎麼學習呢？好的東西就要傳承，這不是賣弄，是生命智慧的永續。

孩子讓我成為更好的自己

「世界上到底先有雞，還是先有蛋？」是人們始終爭論不休的古老問題。辯論讓我們懂得，任何事情都有兩面性，陪伴孩子成長這件事也一樣。對於父母和孩子來說，在陪伴的過程中，誰付出得多，誰收穫得多呢？

我認為這是一件雙贏的事情。對於孩子來說，在成長的道路上有人保駕護航，會使他們每一步都走得更正確和自信。而與此同時，父母在陪伴孩子的過程中，也有了一次重新體驗人生的機會。所以孩子也好，父母也罷，在陪伴的道路上都是收穫者。

小嘉今年已經升大學了，在他十八歲生日的時候，爸爸為他準備了最新款的刮鬍刀做為生日禮物，在小嘉吹滅生日蠟燭的瞬間，爸爸宛如看到了孩子從出生到現在走過的每一步。在爸爸三十歲的時候，小嘉來到了他的生活裡。如今小嘉已經十八歲了，個子比爸爸還高，對爸爸來說，小嘉豐富了他的人生。

小嘉從五歲開始學英文。爸爸是高中學歷，英文水準有限，所以陪著小嘉學習英文對爸爸來說是個不小的挑戰。每週六上午八點，爸爸就要帶小嘉去英文補習班。因為孩子太小，老師要求父母坐在教室後面陪讀，這樣可以輔助孩子寫課堂筆記。爸爸總是擔心自己的水準太低，所以老師說的每一句話，他都努力記得清清楚楚的，甚至用錄音筆錄下單字的發音，小嘉不會時，就可以放給他聽。補習班十點半才下課，爸爸每次都是全程陪伴。

因為老師說，每天回家都要跟聽、跟讀英文錄音帶不少於五遍，所以爸爸每天不僅監督小嘉聽，自己也豎起耳朵跟著兒子努力聽。爸爸已經過了聽力訓練的最佳時期，很多時候還沒有小嘉聽得準。有時候小嘉聽三、四遍就能跟著讀了，爸爸自己還要聽上七、八遍，因為他擔心自己不能聽出小嘉的錯誤。小嘉的作業，成了爸爸的學業。

每天一起床，爸爸就把廣播打開，因為老師說，英文學習需要有良好的聽力環境。在陪小嘉踢球的時候，爸爸如果想到了相關的單字，就會用英文和小嘉說，儘管爸爸的英文發音真的太難聽了，但是為了小嘉，爸爸不怕丟臉，更不怕被別人嘲笑。

雖說不是班裡最聰明的孩子，但是小嘉的字彙量是最多的，也是最敢於和老師對話的。對此，爸爸在心裡很為小嘉驕傲，而爸爸的英文水準也逐漸上升到可以進行簡單的英文對話了。後來他們到英語系國家旅行，爸爸甚至可以用英文和當地人聊天。

爸爸的字寫得不夠漂亮，所以在小嘉上一年級的時候，為小嘉報了書法班。小嘉那個時候個子很小，所以每次準備紙墨都是一件很困難的事情，爸爸會把比身高還長的紙鋪好。為小嘉找的書法老師是位非常有名的書法家，爸爸逢人就說：「小嘉一定會寫一手漂亮的字！」

每週日下午，小嘉要到老師家裡去學習書法，在這期間，爸爸就像棵松樹般立在書桌前。老師講「點」時，會把各個書法門派的「點」的特點都說一遍，爸爸就知道了書法有哪些字體、哪些門派。老師在教小嘉寫某一個字的時候，老師會把這個字從甲骨文講起，把字的出處、含義介紹得非常清楚，爸爸因此記住了很多歷史典故，更從每一個漢字中看到了中國文化的魅力。老師在評點小嘉作業的時候，會指導小嘉用筆技巧，告訴他漢字的結構，還會講到歷史上很多書法大家是怎麼練習的。爸爸對那些只有在電視和書本上才看到的人物又有了新的認識。老師指導小嘉完成一幅作品的時候，會從不同的篇章佈局，談到很多做人的哲學，從書法的濃淡、留白講到很多美學的知識。小嘉後來學習薩克斯風也是爸爸全程陪同的……這些都是爸爸以前不可能接觸到的東西。因為小嘉，爸爸又豐富了自己的人生經歷。

這十八年來小嘉在一天天地成長，爸爸卻在一天天地老去，小嘉學會了很多的技能，爸爸的人生也得到了豐富和提升。

這十八年來，小嘉學了什麼，爸爸最清楚。在爸爸陪伴小嘉的過程中，爸爸又收穫了什麼呢？

- **被動的學習也是一種學習，可以提升一個人的內涵：**陪伴孩子學習的過程可以說是父母人生的二次學習機會。從孩子的啟蒙階段開始，陪伴孩子學習的父母，同樣得到一段新學習之旅的門票，活到老學到老，生命才更加豐富。在陪著孩子學習的過程中，孩子有收穫，父母同樣可以獲得很多。
- **可以增強和孩子的情感交融：**在陪伴的過程中，父母瞭解到孩子學習道路上的得與失，真切地感受到學習的不易，更加懂得珍惜孩子的點滴進步。這有利於父母理解和尊重孩子，促進父母和孩子之間的情感，以及家庭的穩固。

- **可以讓父母重新認識自己：**很多人不是沒有潛力，而是沒有機會將自己的各種潛能開發出來。在陪孩子學習的過程中，父母重新認識了自我，於是讓各種不可能變成可能。比如有些父母覺得自己沒有耐性，可是陪伴孩子時卻耐心十足；有些父母覺得自己沒有繪畫天賦，但是卻在過程中學會評價孩子的作品。在這段過程中，孩子會給予父母很多驚喜，父母也會開啟全新的自我認識歷程。

附　錄

國英數學霸怎麼教？

給爸媽的教養指南

如何教出國語學霸？

《孫子兵法》說：「知己知彼，百戰不殆。」只有瞭解孩子在學校學了什麼，父母才能更好地幫助孩子補足學習的盲點。

在小學階段，孩子的國語學習內容分為：識字與寫字、閱讀、習作、表達交際和綜合性學習。學校會從三個方向進行考核：字彙量的累積、理解與運用、寫作。國語老師在出作業的時候，同樣根據這幾個方向進行。

小學六年，可以更細的分成低年級、中年級、高年級。每個年級預設的學習目標又有所不同：低年級以識字和寫字為主，認識常用國字，進而用最短的時間達到基本閱讀的標準。

到了中年級，隨著識字量增加，孩子們已經可以自主閱讀一些篇幅較短的讀物了，他們學習的主要目標是理解別人話語的涵義。語文的「語」是說出來的話，

「文」是寫出來的文章。孩子可以借助閱讀，一方面理解別人說話的涵義，另一方面提升自己說話的能力。

到了高年級，學生在中年級養成的閱讀方法，已經可以應對一般閱讀了，所以孩子在小學五、六年級後的閱讀水準，已經等同於成人。只不過因為學生的社會閱歷不夠，許多時候他們的理解層次仍有不足，但如果是他們熟悉的領域，他們就可以順暢地閱讀。而與此同時，文字的表達——寫作，已經成為高年級學生的學習重點。

我們瞭解了每個階段的學習重點之後，再指導孩子的作業，將會事半功倍。

低年級生的輔導方式

對於剛入學的一年級小朋友，培養他們的學習興趣和養成良好的學習習慣同樣重要。

● 學習環境

1. **專門學習的房間：**幫孩子準備一間屬於自己的房間。房間風格要儘量簡單──幼兒時期孩子用的五彩床、繽紛的櫃子，建議儘量換成白色、綠色、藍色等顏色，這些簡單明快的顏色既可以讓孩子保持良好的心情，也利於保護孩子的視力。

2. **書桌：**根據孩子的身高挑選書桌。孩子坐在椅子時，胸部要高於桌面，腳可以平放在地面上。桌面儘量選擇大一點的，不要因為孩子小就用迷你桌子，小桌子使用起來不方便，特別是需要用大尺寸畫紙的時候，更會受限。此外，不建議書桌上有其他物品，因為低年級小朋友的集中注意力時間短，任何物品都可以引發孩子分心，而且容易擋住燈光，對視力也不好。

3. **護眼燈：**護眼燈的光照面積要足夠大，亮度適中，暖色調的燈光有助於保護眼睛。

4. **書櫃：**作用有兩個：一方面是為了營造讀書的氛圍，培養孩子形成良好的讀書習慣；另一方面是讓孩子養成隨手整理的習慣，讓孩子練習將看完的書放回固定的地方。從小養成隨手收拾的習慣，長大了做事才會有條理。

● 生活習慣

低年級生因為身體發育還未完全，不宜長時間學習，所以重點不應放在書面作業，而是著重養成好習慣。此時不要在意孩子完成度多高，而是要讓他習慣這套模式。

1. **基本衛生習慣：**孩子在學校學習一天，小手滿是細菌，所以父母要在第一時間教會孩子用正確的方法洗手。很多孩子也常常會忘記喝水，而孩子一天的活動量很大，到家時要及時補充水分，避免生病。另外，我們也必須要求孩子練習，把換下來的鞋子衣物自己擺放整齊。
2. **學會記作業：**因為孩子還不太會寫字，所以父母可以事先教給孩子一些簡單的符號，來記錄老師安排的回家任務。由於兒童的思維方式不同，他們對符號的辨識能力要高於成人。例如，可以讓孩子自己設定不同科目的代表符號，並引導孩子簡化符號，用「#」表示國語作業、用「∞」表示數學作業、用「E」表示英文作業、用「⊕」表示要帶水彩筆等等。這項能力很重要，因為良好的記錄習慣，可以幫助孩子養成規劃的能力，讓孩子受用一生。

●知識學習

1. **讀課本：**低年級的國語課文篇幅大多短小、生動活潑，很符合孩子的天性，很多孩子聽一遍就可以背誦了——但我並不鼓勵這樣的讀書習慣，讀書和背書不能混為一談。

我們要求學生逐字閱讀，但不急著要求背誦，是因為低年級的學習重點是識字和寫字，每一次讀書就是和國字「見面」的機會，反覆見到這些字可以增加孩子認識並記住的機率。

讀書的時候，最初可以要求孩子用手指著讀，這是因為孩子的注意力較難集中，他們可能會出現掉字跳行的情況。這個時期，父母的陪伴尤其重要。父母要觀察孩子是否做到手口一致，到了後期，如果孩子的眼神可以隨著閱讀而移動，就不必要求孩子一定要用手指讀書了。

事實上，很多孩子之所以認識字，不是透過老師在課堂上的教授，而是藉由在生活中實踐而來。讀書也是一種生活實踐，可以有效增加孩子的識字量。

每篇課文建議讓孩子讀三到五遍。若希望孩子在讀書時做到不丟字、不加字，能正確朗讀，就要靠多多閱讀。但要特別留心，低年級孩子集中注意力在十分鐘左右，若課文讀太多遍，耗時太長，反而會讓他注意力分散，甚至討厭閱讀。

2. **讀課外書：**建議父母每天讓孩子讀課外書。良好的閱讀習慣，從第一天識字就可以開始培養，我的兒子兩歲就開始閱讀課外書了。他還小的時候，我們每天都會帶他去圖書館，剛開始他讀不懂，只會用小手在書上畫來畫去。他特別喜歡看迷宮類的書，兩歲的他會用小手指在書上順著箭頭找方向，後來每週我們至少一天陪他在圖書館度過。因為從小養成了讀書習慣，現在他上了大學還是每天都會看書。

很多父母幫孩子選擇課外書的時候，都以孩子的意願為主，但我認為在孩子最初尚未有完全的判別能力時，還是需要父母適當的引導。以下是我的建議。

選擇圖書的標準

1. **不要過厚：**孩子的耐性要遠遠低於成人，選擇的書太厚，孩子讀不完，可能中途就會放棄閱讀。
2. **有插圖：**小孩子認識世界是從圖畫開始的，精美的插圖更利於吸引他們的注意力。
3. **傳遞正確的價值觀：**讓孩子閱讀的圖書，自己一定要先看，明白書中傳遞什麼樣的價值觀和世界觀。讀書的目的，是為了增加人對世界的判斷力，而不僅僅是為了看故事或獲得知識，好書必會傳達好的思想價值。
4. **多元涉獵：**我們要引導孩子什麼書都可以看、什麼內容都可以涉獵，如果單單只看一類書，孩子的視野就會很小、興趣很單一、觀點不豐富。科學、文史、文藝、體育、探險……各類書籍都要讓孩子閱讀，培養他們對不同方面知識的興趣，讓他們從小就感受到世界的多樣性，這對培養孩子的能力素養很有幫助。

5. **尊重孩子的特色：**父母要根據孩子的性別、性格特點選擇適合孩子的圖書。

6. **不要多本同時閱讀：**一下把很多書放在孩子面前是不好的，會讓孩子覺得書很容易得到，閱讀也容易囫圇吞棗。

讀書的角度

1. **欣賞圖片或插圖：**當孩子對一本書發生興趣，往往是因為書中的插圖或者圖書的裝幀方式，因此他拿到書會先左翻右翻，這是他們和書建立感情的方式。讓孩子摸摸圖書，可以讓他們初步感受書的姿態。

2. **朗讀：**通常小孩子讀書會讀出聲來，因為他們還沒有默讀理解內容的能力，所以孩子讀書時，不要開電視，要讓孩子身處比較安靜的環境。如果父母在身邊，可以聆聽孩子閱讀，在他們讀書的過程中，給予肯定的眼神，這對孩子的進步很有幫助。

3. **轉述：**講述內容的過程，能培養孩子的理解力、記憶力和語言表達力。很多孩子的語言表達能力差，都是由於早期的語言訓練不足。

4. **畫畫**：一本書讀完了，孩子的收穫是什麼？感受是什麼？他們讀懂了什麼？對什麼更感興趣？還小的孩子不可能像大孩子一樣，透過文字來表達，而且他們對圖書的評價也就是好或不好，因此畫畫是最適合孩子的表達形式，小孩子的繪畫語言不受任何東西限制，他們總是想到什麼就畫什麼，畫的是自己最真實的內心世界，他們不會拘泥於一般常識，可能畫出紅色大海、綠色海鷗、方形餃子，充滿了天馬行空的想像力。在讀完一本書後，父母可以讓孩子畫出自己的感受。如果他只畫了書中的主角，說明他對這個角色印象深刻；如果他畫了書中角色的房子，說明他對家庭的渴望和喜愛……通過孩子展現出來的畫面，我們可以瞭解孩子的內心世界。

●寫日記

語文成績優秀的孩子，通常具有高水準的寫作能力。寫作能力一方面來自天賦，例如天生具有敏銳的觀察力和洞察力；另一方面則源於後天的培養。

很多人認為，只要多讀書，就一定會寫作，這二者雖有關係，卻沒有絕對的關聯。閱讀經驗多的人，他們大部分都具有很好的語感，詞彙量也豐富。但這還不是寫作最關鍵的要素，要寫出好文章，首先要有對日常的觀察力，同時要具有總結現象的概括力、提煉生活的凝練力——而訓練以上這些能力的最好方法，就是寫日記。

寫日記的方法：

1. **門檻越低越好：**剛進學校的孩子，有的連自己的名字還不會寫，怎麼會有寫日記的能力呢？有的！孩子的語言和我們成人的語言不同，繪畫就是他們的語言。今天很開心，畫一個笑臉；明天心情糟糕透了，畫一個哭臉；後天和媽媽去超市買了一個大蘿蔔，就畫一個大蘿蔔……這就是對生活最原始的記錄方法，可以引導孩子去觀察生活。要寫出能打動人心的文章，就從讓孩子感受生活給自己帶來的喜怒哀樂開始。
2. **引導孩子練習使用文字：**當孩子學會了注音和寫字，就要引導他用注音和文字，甚至是注音、文字、圖畫的混合體來記錄，但不要過多限制孩子記錄的內容，也不要干預孩子記錄的方式。任何一件事對於小孩子來說都是初體驗，如果這時父母過多地干預孩子，就會讓孩子產生挫折的情緒，讓他們的自信心受到傷害，從而對這件事失去興趣。保護孩子的興趣，比孩子寫出優秀的日記要重要得多。

3. **引導孩子表達心情感悟：**心情不過是「喜怒哀樂」，孩子做每件事的背後肯定都傳遞了某種心情，我們要引導孩子表達出來。只有這樣，日後寫出的文章才不空洞，才能感動人心。

4. **父母要給予正面鼓勵：**親子溝通是家庭教育中不可或缺的環節。大多數孩子都有表現欲，一言一行都渴望得到父母的關注，他們比成人更期望得到肯定和讚美。孩子記錄完心情故事後，父母可以及時回應孩子，比如媽媽心情很好，就畫一個開心的臉，一旁寫上「高興！」。第二天，孩子也會學著用這兩個字來表達心情。因為模仿是孩子的天性，並且他們對新鮮事物更感興趣。爸媽是孩子的第一任老師，爸媽做什麼，孩子就喜歡做什麼，並且希望自己能夠成為爸媽這樣的人（這也是為什麼很多家族世代都選擇相關職業的緣故）。父母也可以用撕貼畫的方式來和孩子互動。小孩子都很喜歡撕貼畫，用來和孩子交流也是不錯的方法。父母的鼓勵必須能引導孩子學習方向，但每天要做的作業不可太多，小孩子一天學習三個國字就是極限了，要明白學習是循序漸進的過程，不要為孩子設定過高的標準，如果孩子達不到，反而打擊孩子的信心。

● 學校作業

孩子的手指肌肉還不夠發達，所以動筆寫字的時間不可以太長，標準也不宜設太高，但是以下幾點一定要做到：

1. **堅持原則：**對於孩子來說，嚴格的要求很重要。課本就是最好的標準，是父母和學生的共同老師，我們也不能根據自己的喜好更改標準，課本說寫在什麼位置，就寫在什麼位置；課本寫的是幾聲調，就是幾聲調。如果一個孩子可以完美達成課本的標準，那麼他一定是個優秀的孩子。

■ **【筆順】**筆順是低年級孩子的學習重點和關鍵。筆順可以讓孩子照著課本描著寫，也可以在空中寫字練習。或者用猜謎的形式引導孩子，比如「這個字有三畫，第三畫是橫線，那麼可能是什麼字呢？」、「『大』字有幾畫，第三畫是什麼？」

■ **【結構】**漢字分為由一個整體直接構成的「獨體字」，與由不同的偏旁構建而成的「合體字」。為孩子說說字是怎麼組成的，掌握了字的書寫規則，就可以記住更多的字。

- 【**讀音**】漢字之所以難，是因為字形多、字音多。父母可以和孩子一起玩字音字形遊戲，把字音、字形分別放在卡片的正反面上，父母說字音，讓孩子找字形，反之亦然。
- 【**應用**】讓孩子把學過的字組成詞，鼓勵孩子在生活中造詞。

2. **親師合作：**老師的地位不可輕易撼動，父母尊重老師，孩子才會尊師重道，得以學習到更多的知識。對於教育，老師是最專業的人才，按照老師的要求完成各項作業至關重要。
3. **靈活使用文具：**劃線時要用尺——不要覺得這是件簡單的事，對學生來說，這是最基本的學習技巧。或是善用削筆器、收好橡皮擦等，這些都是必要的基礎訓練，基礎打好了，就能提高日後寫作業的速度。

三、四年級生的輔導方式

● 從單字到詞句

1. **字形記憶：**和一、二年級不同的是，到了三、四年級，認字已經不是學習的重點了（但依然很重要）。經過兩年的學習，每個孩子表現出的識字能力開始出現差異。記憶力好的孩子，可以很快地記住單字；天生就有閱讀障礙的孩子，就需要尋求專家幫助。我們要根據自己孩子的學習能力，進行重點加強。

一般來說，認字主要有以下幾種方法：

■ **【加減法】**利用老師教的基本識字法進行記憶。

■ **【語境還原法】**讓孩子透過文章的語境中識字，這是使孩子記憶最深刻的方法。

■ **【字形聯想法】**孩子的想像力很豐富，可以根據字形引導孩子想像，並講故事加深記憶。比如「羊」字，讓孩子把它想像成一隻真實的羊，上面的兩點是羊的兩隻角，中間的「三」是羊的肚子，「｜」是羊尾巴。

■【字形編劇法】用聯想的方法，把字賦予容易記憶的口訣。比如「解」字，就可以想成「我拿一角錢買了一把刀，宰了一頭牛」。

2. **增加詞彙量：**成語是文化的瑰寶，從成語又衍伸出四字詞語。成語和四字詞語的種類有很多，我們可以有計劃地幫助孩子多累積成語或四字詞語。這些詞彙分散在每篇課文裡，父母在讓孩子預習的時候，可以引導孩子把這些特殊詞彙摘錄出來，加以練習。但是，單純記錄對於孩子來說較容易遺忘，最好讓這些詞彙頻繁地出現在孩子的生活中，經常使用，讓孩子用這些詞彙造句、寫短文，展現應用價值。

在練習前，要先用字典清楚瞭解詞彙的涵義。現在的孩子不會應用詞彙的主要原因之一是不知道詞義，所以「把辭典背下來，國語就沒問題了」這可不是玩笑話——因為辭典對詞彙的解釋是最完整的。孩子們之所以基礎知識不穩，是因為平時使用不同詞彙的機會太少。如果提高使用率，用語自然就會變豐富。例如很多父母喜歡和孩子玩的「成語接龍」，就是一種很好的累積詞彙遊戲，既加深親子感情，又能讓孩子在娛樂中學習。

3. **名言佳句：**也包含古詩詞、諺語俗語。鼓勵孩子每天背誦一首古詩、每週認識一位名人、找出他的一句名言……都能促進這方面的進步。

● 閱讀測驗

首先，造成孩子閱讀能力不好的原因，可能有：

1. **教師水準有限：**一名優秀的國文老師，對文章閱讀的深度和廣度應該要超越一般老師。優秀的老師可以為孩子營造好的學習氛圍，但如果老師無法深入地感受作者要表達的情感，傳遞給孩子的就會大打折扣。
2. **孩子有閱讀障礙：**就像有人不擅長唱歌、跳舞一樣，有的人感受、理解文字的能力弱、語感差，閱讀就比較困難。比如寫作中常用的「一語雙關」的技巧，有的孩子就是無法理解，自然答不上來。
3. **閱讀習慣不好：**好的閱讀習慣是在長期學習中慢慢培養出來的，有些人閱讀時，會隨時記下自己的感受；也有人屬於一目十行型，從來不品味文字的涵義，只是囫圇吞棗的讀完，是較不好的閱讀習慣。
4. **缺乏明確目標：**有的孩子把學習當做負擔，無論做什麼都不深入，流於表面。他們做事以「做完」為低標，而不是以「做好」為目標。

其次，閱讀及答題不是憑感覺，是有規律可循、有方法可用的。

1. **判斷文章類型：**不同的文章，閱讀的方法也要不同。拿到一篇文章，要先判斷文章屬於論說文？圖表？還是其他類型的文章？閱讀時，要根據不同文章的類型採用不同的閱讀方法，例如閱讀論說文的重點，就是瞭解作者用的「論說方法」，講述出的「論說主題」。
2. **常考題型的歸納整理：**父母協助孩子做好常見考題形式的歸納整理，是一件非常重要的工作——瞭解考試形式，才可以通過對比、觀察、總結發現規律，針對規律再進行訓練就可以事半功倍。
3. **建立答題模式：**工廠製造業在產量上之所以超越手工業，是因為它採用了相同的模組，閱讀測驗的解答也可以建立「模組」。父母可以輔助孩子建立一套解題模式，通過反覆練習，達到熟能生巧。

● 作文

如果孩子們可以天馬行空地自由發揮，肯定不會覺得困難。但是老師給了一個固定的題目後，作文就變得很難了，這是為什麼呢？

1. **審題難：**不明白題目是孩子覺得作文困難的主因。很多孩子在拿到題目後看不懂，或者說是看不進去，他們不明白題目給定的範圍，需要選擇什麼樣的素材。這和父母們過多主導孩子一切有一定關係。因為父母代替孩子做了太多的事情，一旦需要孩子自己分析解決問題，他們很容易因而退縮。

2. **選材難：**孩子常覺得沒有什麼可以寫的。很多父母感到困惑，每年帶孩子出國無數次，全世界都去透透了，怎麼會沒有東西可寫呢？

   這是父母的第一個迷思：「旅行經驗豐富，有助於孩子見多識廣」。很多孩子去旅行，但並沒有「真正」的去旅行。比如我有個朋友每年都要帶著女兒走遍半個中國。孩子從出發的那一刻開始，在後座玩手機、吃零食、睡覺。中途休息，她仍是玩手機、找美食、睡覺。到了終點，孩子變成玩手機、配合父母照相、吃飯。從頭到尾，孩子人雖在旅途，卻心不在此。這樣的旅行，並不能成為孩子寫作的素材。

父母的第二個迷思：「生活經驗豐富，可以培養孩子的寫作靈感」。每週都帶著孩子滑雪、打保齡球、騎馬……怎麼會沒有事情可寫呢？然而，要讓這些成為寫作的素材，孩子需要的是觀察力和提煉力，但孩子在過程中往往關注更多的是玩本身，沒有去思考「我玩了什麼？我怎麼玩的？這個玩讓我收穫了什麼？」沒有提煉，就不能深入地思考，沒有思考的觀察就只是流於表面而已，流於表面的文字，無法稱之為靈感。

3. **寫字難**：一篇作文不管是三百字，還是六、七百字，對於學生來說，把一個個字寫出來真是一件又累又苦的事，甚至有些孩子每次寫作文，都是數著字寫，只要字數夠了，就立刻結尾。

我們可以用以下幾種方法幫助孩子寫好作文：

1. **觀察法**：對於中年級的學生，主要是培養他們的觀察力，到了高年級才會重點培養他們感知生活的能力。升上三年級後，訓練孩子的觀察力尤為重要。建議父母在家中養些植物和小動物，也可以過一段時間更換一下家裡的擺設，為孩子提供一個可以觀察的環境。父母也要懂得引導。有些孩子，即使你把家裡變成了動物園也不會留意，父母要適時引導孩子觀察。

觀察法重要的原則就是順序。無論是從上到下，還是從外到內，孩子要懂得有順序地觀察，才可以寫出有條理的作文。

觀察法有個加法原則：「看到＋想到＝具體」，亦即孩子能夠直接用雙眼感受到的事物，加上孩子看到後在腦中產生的反應和想法。只有這樣訓練，才可以讓孩子把事物描述清楚。我們也可以把這個原則擴大為「摸到＋想到＝具體」、「聞到＋想到＝具體」等。寫作文不是寫單純看到了什麼，而是心裡感受到了什麼。一百個人從同一個角度看同一棵樹，看到的不會有太大差異，但是這一百個人的內心所想卻是千差萬別。所以，要想讓孩子寫出一篇好的作文，關鍵是激發孩子的想像力。只有長期堅持這樣的練習，孩子的語言表達力才會變強。

2. **造句法：**作文是由許多句子組成的，孩子不會寫作文，有時是因為孩子不會寫句子。句子是寫作的基礎，可以讓孩子每天用詞語造句。會寫句子的孩子，寫作文就要容易得多。

3. **結構法：**如果是名家寫的文章，我們更著重在其創意，但是對於一名小學生來說，我們要從最基礎的「結構」開始。對孩子來說，最簡單也容易掌握的是「提出核心—分段描述—總結」結構，衍生出來的還有「提出核心—分段描述」結構、「分段描述—總結」結構。

4. **活動法：**孩子之所以沒有靈感，是因為孩子們每天的生活太單調乏味了，即使去旅行，也是走馬看花。不想讓孩子「沒事」可寫，父母就要為孩子「找事」，比如陪孩子一起煮一頓飯、一起整理家裡等等。

如何教出數學學霸？

小學數學教材的編寫分為四個部分：數與代數、空間與幾何、公式與方程式、統計與概論，每一冊的教材都會涉及這些內容。

隨著孩子年級的升高，知識的難度也會逐步提升。比如「空間與幾何」部分，在一年級，學習重點為認識長方體、正方體、圓柱體、球體。為什麼把「面」放在「體」的後面呢？在兒童的世界裡，現實是三維空間，所以「立體」更容易被孩子理解。任何知識的建構都要遵循孩子的年齡發展特色，這是教育的本質，我們不能「逆天而行」，否則就會遭到抵抗。我反覆強調：我們必須順其自然，不能背道而馳，否則就是對孩子最大的傷害。

為了跟上時代的步伐，父母要避免用過往的思維模式，來評價現今的教學方式。

數學的學習核心

應用和創新是數學課程培養的重點。以下八點是數學學習的核心。

1. **數與量：**數感是對數與數量、數量關係、運算結果、估算等方面的感受。建立數感，有助於學生理解數字的意義，以及具體情境的數量關係。
2. **符號：**能夠理解並運用符號表示數、數量關係和變化規律。知道如何使用符號進行運算。
3. **空間觀念：**根據實際物體特徵抽象出幾何圖形。能根據幾何圖形反推出實際物體。想像物體的方位和相互之間的位置關係。描述圖形的運動和變化。根據語言的描述畫出圖形等。
4. **幾何應用：**利用圖形描述分析問題。借助幾何圖形可以把複雜的數學問題變得簡明、形象，有助於釐清思路、預測結果。此能力可以幫助孩子直觀地理解數學，在整個數學學習中都發揮著重要的作用。
5. **資料分析：**瞭解現實生活中的許多數學問題，應該先調查研究、分析資料，再做出判斷。瞭解同樣的資料可以有多種分析方法，需要根據問題背景選擇合適的方法。通過資料分析體驗隨機性，資料分析是統計的核心。

6. **運算能力：**能夠根據法則和運算公式正確地進行計算的能力。培養運算能力有助於學生理解運算的算理，尋求合理的運算途徑解決問題。

7. **邏輯推理：**推理能力的發展貫穿在整個數學學習過程中，推理是數學的基本思維方式，也是學習和生活中經常使用的思維方式。

8. **模型化思考：**建立模型化思考是體會和理解數學與外部世界聯繫的基本途徑。建立的過程包括：將問題抽象化，用數學符號建立方程式、不等式、函數等表示數學問題中的數量關係和變化規律，求出結果並討論意義。這些學習有助於初步形成模型化思考，加深學習興趣和應用意識。

這些數學的核心素養，體現在課本的各個環節裡。小學數學知識結構單一，呈現方式靈活，許多思想、法則和規律往往依附於文章之中，許多數學問題都能夠從實際生活中找到原型，甚至就是日常常見現象的體現，是很實用的學科。

在家可以練習的數學學習活動

●計算的訓練

計算能力是學生最重要的一種能力，在每一次考試中都占分數的百分之七十。因為大部分數學題目最終都要以計算的形式呈現出來，所以計算能力的強弱，直接影響孩子的數學成績。

目前來說，孩子們的計算水準在逐年下降，原因有很多：

第一，課程安排得太多，練習的時間減少。任何能力的培養都需要足夠的時間，但現在部定課程、校訂課程等百花齊放，擠壓原有的學習時間，造成計算所占比例降低。

第二，訓練強度不足。學生不僅在家裡會用拖延的方式減少練習時間，在學校亦然，學校是班級授課制度，老師照顧的是整體平均，少部分學生的訓練強度就不夠。

第三，考核不及時。學校的課是根據課綱安排，給予老師考核的時間很少，所以常常出現講課後卻沒時間考核的現象，孩子也會因此怠惰。

那要如何增加孩子的計算能力呢？如果你覺得簡單地讓孩子多做幾道計算題就好了，那就太狹隘了。直式計算只是計算的方式，並不是學習的終點。

學計算的目的是為了：

1. **培養數感：**《小學數學標準》提到：「數感是人的基本素養，是人有自覺地理解和應用數的態度和意識。」具有良好數感的人，在數的意義和運算上十分靈敏。數感能體現在諸多方面，如理解數字的意義、可用多種方法表示數字、在具體情境中掌握相對數字的大小、能用數字表達和交流資訊、可找出適合解決問題的演算法等。

   通俗地說，數感好的孩子會在數與數之間建立聯繫，因為清楚這種聯繫，在不同的問題中就有了各種靈活性和創造性。舉例來說：一個數感好的孩子在看到「98」時，不僅會想到「90＋8」，也能想到「100－2」，以及「49×2」。於是，當出現「98＋76」時，就不需要列算式，直接從76中拿2給98，心算一下就知道答案是「174」了。所以培養數感，不是在弱化計，相反的更能增強算能力。計算不再是單一的模式，而要求更多的靈活性和創造性，使得學生不停地探索數與數之間的各種關係，因此數感好，不只能增進孩子的計算能力，對孩子的數學學習生涯也有莫大的幫助。

那麼，培養數感的方法有哪些呢？

- **【在情境中進行運算】**因為小學階段的孩子還不能完全抽象思考，必須借助於具象的事物或場景。有了可憑藉的情境，就可以進行思考；有了思考，就有了各種創造性。這對年齡小、數學能力發展慢的孩子是很重要的一步。
- **【多聽少教】**除了書面的練習，非常建議讓孩子在由孩子主導的對話中學習，這種對話式的學習會促進他們主動尋找解決問題的方法，促使孩子增加學習如何觀察、實踐靈活多樣的創造性的機會，以及比較自己和他人所使用的不同策略。在這個過程中，孩子不僅可以體會到因為自己的思考和創造，而得到別人的認可所帶來的快樂，還能不斷地同化和順應自己接觸或創造的不同概念和方法，從而促進其數學思維不斷發展。

越早培養數感，孩子在學習數學的時候就更為靈活，更具有創造力，計算正確率也會更高。

2. **培養良好的計算習慣：**你看過孩子在那些地方計算呢？衛生紙？手心？一張小紙片？甚至是牆上？因為缺乏良好的計算習慣，孩子們的計算過程總是五花八門，在他們的眼裡只要算對了，怎麼算的根本沒差。老師在教「四則運算」的時候，即使反覆強調在運算的過程中，要重視運算順序，但是孩子還是常常出現錯誤。做為父母，從孩子第一次開始學習直式計算的時候，我們就要讓孩子注意「兩本兩線」。

■**【兩本】**第一個本是「計算本」，它可以培養孩子做事嚴謹和先思後行的態度。第二個本是「作業本」，每天做幾道計算題，可以熟練地掌握各種公式，在熟練並掌握公式的同時，還能提高計算的準確性，保證成績一定進步。

■**【兩線】**第一條線是「折線」。很多孩子拿到本子後，會天馬行空地隨意寫題、數字忽大忽小、每題想佔多大格就佔多大格，以上都是不好的習慣。要讓孩子先行折好線，規定好每題計算的範圍。「沒有規矩，不成方圓」，而規矩要盡早立定，等到發現問題的時候再改正，就很難了。

第二條線是「直線」。很多孩子覺得用尺很麻煩，所以隨手畫、隨手寫，書寫很亂。但考試的時候，通常失分最多的就是孩子因為寫得太亂而造成的錯誤。所以良好的書寫習慣是得分的保證，那些習慣不用尺的孩子，寫字也一定不按規矩。態度決定一切，就是這個道理。

3. **獎懲措施：**對於孩子的訓練也好，作業也罷，父母不能只是一味地誇獎，也要有懲罰措施。讚美教育不是沒有原則的教育，更要遵循標準。

4. **貴在堅持：**任何能力的形成都需要一個漫長的過程，將某件事當作一個習慣去做的時候，孩子的能力就形成了。

5. **學會尊重：**很多父母要求孩子必須按照自己的方式計算，這是不對的。因為孩子們在學校裡接觸到的方法很多，只要孩子能講出依據，我們就要尊重，不要強求。另外現在孩子的創意很強，只要是適合孩子的方法，我們父母就要學會接受。

● 空間觀念的培養

培養初步的空間觀念，是小學數學的教學目標之一，也是學生應具備的基本數學素養。

從美學角度來講，空間感就是依照幾何透視和大氣透視描繪出來的物體之間的遠近、層次等，使其在平面上顯現出立體的空間視角。從哲學角度來講，就是人對於點、線、面所構成的事物的感知，是對事物的宏觀理解。空間感在生活中隨處可見，小到辨認方向、看地圖，大到對一件事的線索梳理、系統分析、深層發掘，從而幫助我們做出正確的判斷與科學的決定。

當孩子在認識幾何體的時候，父母就可以引導他們觀察生活中的物品。在他們玩的積木中，會有許多長方體、正方體、圓柱體；他們見到的高樓大廈、紙箱、書、煙囪、皮球等，也能初步使他們建立長方體、正方體、圓柱體、球體的印象。又比如孩子在一年級的時候就要學習方向，我們可以帶著孩子在早晨觀察太陽從東邊升起的情景，檢視房子的朝向。我們要以孩子熟悉的環境為基礎，引導孩子觀察、聯想，並提升他們的空間感。

再者，學習了基本圖形後，讓他們利用這些圖形拼出圖案；畫一幅圖畫，再動手折一折、剪一剪；也可以引導孩子把長方形變成正方形、梯形、平行四邊形……充分發揮孩子的想像力，培養孩子的創造力。

空間觀念的建立，對於孩子來說是個非常難的過程。在課堂中受空間和硬體的限制，老師不可能給孩子提供足夠的學習道具，那麼父母就必須來補足這塊。

1. **模型玩具：**模型玩具既可以培養孩子的動手能力，也可以培養孩子的觀察力，對於孩子空間感的建立也很有幫助。
2. **繪畫：**讓六到九歲的孩子學習繪畫，可以激發孩子的創造力和想像力，等孩子再大點更可以培養他的空間透視感。因此學繪畫的孩子往往在空間與幾何部分，比沒有學習繪畫的孩子更容易理解。
3. **親身實踐：**有人說過，給孩子一片沙地，他就可以成為一個數學家。孩子在玩沙的時候，可以鍛煉造型能力、動手能力、想像力，也促進孩子空間感的建立。或是帶著孩子去旅行，讓孩子親自丈量土地的廣闊。任何一種親身實踐，都可以讓孩子從不同角度感受空間的存在。
4. **鼓勵動手：**不要擔心不衛生，鼓勵孩子摸摸土地，讓他感受平面和線條的存在；鼓勵孩子玩玩小石頭，讓他感受物體的存在，孩子動手的過程就是對空間的探索。孩子用剪刀剪紙、用手撕紙都是對平面圖形的初步感受……所以有一說是「不會玩的孩子不會學習」，因為在玩的過程中，孩子用自己的觸覺、視覺、聽覺去感受著自己所生存的空間，而生活中處處都是數學。

● 邏輯思維的鍛鍊

邏輯思維是數學的重要核心，我們不能忽視。

1. **知道怎麼解，比算對答案重要：**表達清晰的孩子一般數學邏輯性也很強，但是不是說明表達不好的人邏輯性就差？這不是絕對的。把心裡想的講出來，是在展現自己的思考過程，這對孩子來說是非常困難的事。很多孩子的數學思維不好，就是不知道自己是怎麼想的，完全是根據老師的想法照抄，但這對於數學學習並無幫助。

   孩子在做作業的時候，可以讓他把所思所想告訴父母，這樣可以很好地激發孩子的思維。講一道題比算一道題重要得多。很多父母讓孩子不停地寫考卷，孩子成績還是提升不了，因為孩子只是在一遍遍地重複自己的錯誤，而父母又不能幫助孩子找到錯誤，所以我們不如改變方法，讓孩子講講他怎麼解題，以此來判斷孩子對知識的掌握情況。

2. **找出多種解題方法，比多做幾道題重要：**我們應該鼓勵孩子在遇到問題時，用多種方法去解答，激發孩子創新的思維。不要認為只有唯一解，只要能解答題目的都可以是解法。

3. **探究比聽講重要：**很多父母在孩子遇到難題的時候，經常主動幫孩子解題，這也是不可取的。我們應聽聽孩子能夠理解多少，尋找方法幫助孩子把不理解的障礙釐清。我非常欣賞那些和孩子一起動手實驗尋求真理的父母。有科學研究證明，同齡孩子們一起學習的效果，要強於孩子聆聽老師講課的效果，所以學習最好是同齡人一起，其次是孩子和成人，最後才是聽老師講課。

4. **創新比守舊重要：**培養孩子的創新精神，是新時代對整個教育產業的要求，也是家庭教育的風向標。我們要鼓勵孩子放開常規，不要輕易否定孩子的判斷，要讓孩子在思考的過程中變得自信。孩子也往往可以給我們帶來天外飛來一筆的啟發。

如何教出英文學霸？

有些父母認為自己的英文不好，甚至一個單字都不識，所以只能把孩子送去補習班；也有的父母認為小學階段的英文只要背背單字就好，殊不知如今的英文學習，已經由簡單的語言工具，提升為思考模式的切換，孩子們面對的是從知識學習到思考模式的大跳躍。

在課程目標中，小學階段對英文學習的要求是：掌握基本的英語知識，具備基本的聽說讀寫技能，初步形成用英文與他人交流的能力。尤其是三年級以後，對英文的閱讀能力和口語能力要求大大提高，要能對日常話題做簡短敘述；要能在圖片的輔助下聽懂、讀懂，還要能講述簡單的故事；在老師的幫助下可以表演小故事或小短劇；要瞭解外國的文化和習俗……可以說是綜合運用的語言能力。

我們可以從幾個方面來幫助孩子學好英文：

趣味拼讀法

教孩子認識字母的時候，可以跟他玩個「字母聯想」的遊戲：D像不像一個大肚子的孕婦？字母B像什麼呢？b和B有什麼關係？儘量讓孩子自己發揮想像力，如果他想不出來，就給他一張紙和畫筆，看看他能不能畫出來。不必一定要讓孩子畫出什麼，只是為了讓孩子學習字母時更有興趣而已，所以對不擅長畫畫、就算引導了也不願意做聯想的孩子，父母需要有更多的耐心。當孩子通過聯想遊戲對字母感興趣時，父母接著要引導他們嘗試把字母寫出來。

有了字母的基礎，接下來是單字。如果只是抄寫兩遍單字，看起來雖然是完成了作業，但孩子未必能明白它的涵義和發音規律，所以在抄寫單字時，可以讓孩子一邊拼讀一邊寫。比如「bike」，I的發音是自己的原音〔a〕，所以可以一邊寫B、I、K、E，一邊讀〔bi〕、〔a〕、〔ke〕、〔i〕，打好自然拼讀的基礎，並讓孩子想想「bike」怎麼跟自行車聯繫起來。如果把每個字母連起來，它像不像一個人在騎自行車？如果能在一年級時打好學習單字的基礎，以後孩子就會自然地尋找拼讀規律，並通過有趣的方法記住這個單字的意思。

我們還能鼓勵孩子將自己記得的英文祝福句子寫在賀卡上，也可以嘗試寫自己記得的短句子、小故事。還可以設計一款擴寫或縮寫句子的遊戲，看看怎麼改寫能把句子改得好玩又有趣。高年級的孩子則可以嘗試在課外閱讀時，使用圈點批註、摘錄、抄寫等筆記方式，培養寫作基礎。

閱讀，大量閱讀

學英文要大量閱讀、親子伴讀，然而如果孩子只是聽完內容，沒有讀透和學會其中的單字，這種閱讀效率反而很差。除了學校的課本朗讀，建議父母為孩子購買一些簡單的英文繪本和分級閱讀的原文故事書。

有些孩子性格急躁，喜歡翻翻這本，看看那本，好像看書速度很快，但其實什麼都沒看會，只是隨意翻了翻而已。這時，父母可以請他表演，讓他複述一下故事內容。剛開始可以用中文，如果孩子已經可以用英文轉述，父母可以「向他請教」其中的關鍵單字是什麼意思？如果有孩子不會的單詞，可以一起查查字典，比賽看誰能最快地找出意思。

看原文書切忌貪多貪難，如果一開始就想帶著孩子看原文的《哈利波特》，就算故事再好，孩子也會產生恐懼感和難以理解的沮喪感。

閱讀原文書籍本就是相對枯燥的事情，所以內容有不有趣就至關重要。剛開始可以利用原文漫畫書，讓孩子經常自己去翻閱。就算剛開始對英文沒興趣，只是單純地看畫也沒關係。等到他累積了一些單字，再翻看這些書的時候，就會發現自己能看懂好多內容了。之後再更進一步帶著他學習裡面他不認得的單字，用各種方法來幫孩子將閱讀轉化為輔助學習的工具。

萬事起頭難，如果每一本書讀完，孩子都可以如數家珍地自己用英文複述出來，這本書才算真正地物盡其用，而且孩子收穫的成就感會更大，進入分級閱讀也會更快，更容易進入自主閱讀。

每天早上五分鐘英聽練習

聽故事是很多名師推薦的學習方法。儘量在每天早上，為孩子播放一段五分鐘的英文童謠或者故事（現在網上的資源豐富，繪本有時也含有朗讀CD，資源取得並不難）。有輸入才有輸出，多聽，以後才能慢慢開口說、有自信地說。

也有人建議可以讓孩子在刷牙、洗臉的碎片化時間裡播放，這點我倒不建議。因為訓練孩子專注很難，讓一個剛上小學的孩子利用碎片化時間學習，反而容易分散孩子的注意力，養成精神渙散的毛病，日後會更難培養高效專注的學習習慣。只有先養成集中注意力，讓孩子有時間觀念後，再培養他們的碎片化時間管理能力。有意識、高度集中精神的五分鐘，收穫肯定要遠遠大於不知所云的一小時。

對一門陌生的語言，孩子剛開始聽不懂很正常，鼓勵孩子先從故事中尋找自己能聽懂的單字。第二天、第三天甚至一週都可以重複播放相同的故事內容，讓孩子每天從中找到至少五個單字，如果其中有沒學過的單字，父母要幫助他找出這些單字的意思。用一週的時間，將一篇小故事完全讀通聽懂。半年堅持下來，孩子在小學階段的聽力就能跟得上。堅持每天早上五分鐘，不斷地擴大單字量，孩子不需要參加任何補習班也可以輕鬆學好英文。

在日常生活中活用英文

每天早晚見到孩子的第一眼，用英文和他打個招呼：「Good morning.」、「Good evening.」、「Have a nice day.」「Enjoy your day!」……雖然也有中文的

同義詞，但我們在生活中卻很少這樣去祝福孩子的一天。每天在校門口，聽到父母與孩子離別時，都在殷殷叮囑：過馬路小心，在學校好好學習……時間久了，孩子不僅聽膩了，反而還覺得父母嘮叨。

「早安」、「祝你有美好的一天」這樣祝福式的語境表達，用英文反而非常自然，不僅能幫助孩子感受到父母的關心和笑意，還可以培養他們的禮貌習慣，無形中讓孩子敢於用英文說話，培養英文語感和英文思維。

學校老師一般都會要求學生背誦課文，所以父母帶著孩子將課文大聲朗讀出來就顯得尤為重要。朗讀並記住課文內容，最後再根據自己的心意隨意組合，在現實生活場景中應用這門語言。

「情境遊戲」是最有趣也是最有效果的學習方式，可以讓孩子自我介紹，介紹他的寵物、玩具、娃娃……通過這些介紹來理解英文與中文不同的說話方式。剛開始可以是簡單的一句話：我是誰。隨著學習的深入，可以逐漸擴充：我是誰的○○、我是什麼職業、我最喜歡什麼食物、我最喜歡做什麼活動、我最喜歡什麼課、○○是我的好朋友、他今天的心情怎麼樣、他今天碰到了什麼事情、今天是○○節，我們準備了什麼樣的慶祝計畫……由淺至深，每次訂定兩、三句話的小目標，讓孩子有自信地找到英文學習的樂趣，從而更願意表達。

對於英文中我們較容易搞混的時間、地點和位置介詞，父母也可以和孩子們一起學習和複習，並試著讓孩子將學過的話題，如天氣、去餐館吃飯、去超市買東西等，通過角色扮演的遊戲，鼓勵孩子在模擬場景用英文表達出來。把孩子枯燥的英文作業變成好玩的遊戲，從而建立自信心，願意學習英文。

單字記憶法

現代社會中，手機、電子辭典等3C產品的出現，讓單字學習不再是一件難事，就算是完全不會英文的家長，也可以透過網路獲得單字的發音和解釋。教育部規定，小學畢業的孩子要「口語部分應至少會應用三百個字詞，書寫部分則至少會拼寫其中一百八十個字詞」[5]。如何反覆練習讓孩子熟悉這些單字，並能讓他們在生活中應用，就特別需要父母的引導，為他們創造環境來刻意練習。

5. 資料來源：教育部國民及學前教育署網站（https://www.k12ea.gov.tw/files/class_schema/課綱/9-英語文/9-1/十二年國民基本教育課程綱要國民中小學暨普通型高級中等學校語文領域—英語文.pdf）

父母可以通過幾種方法來幫助孩子背單字：

1. 總是記不住的單字，可以跟孩子一起把意思表演出來，尤其是詞義比較相近的單字，表演更利於孩子快速記憶單字之間的差異。
2. 與孩子一起尋找單字中的基礎發音規則，比如 cak、etake、lake、bike、like 等，可以與孩子玩「看誰找到最多相同發音規律單字」的遊戲。歐美國家的小學生也常常玩這種找單字、填單字的遊戲，練習夠多，孩子才會逐步形成自然拼讀的意識。
3. 將家裡的電視、冰箱、床等傢俱都貼上英文單字，每天帶著孩子指認這些單字，當孩子記住發音後，可以讓他練習拼寫，對記住單字很有幫助。

上述方法都有一個很重要的特點：「有趣」。重點在於用有趣的方法來引導孩子學習英文、記單字。如果一開始學就覺得英文很難，孩子就會被挫折打擊，再簡單的學習也會變得很難，因此不給孩子施加壓力，而是用有趣的方式幫孩子養成良好的英文學習習慣，激發他們的自主學習能力。

語言學習會深深影響思維方式。「羅馬人的皇帝」查理曼說：「學會第二門語言，就好像有了第二個生命。」孩子多學一門語言，可以讓他們擁有突破自己原有思維方式的可能，多一個看世界的角度。

曾獲美國國家科學基金會授予的突出職業貢獻獎，當今研究語言與認知關係最有影響力的權威學者萊菈．布洛狄斯基（Lera Boroditsky）發現：「一個人的語言習慣被改變時，思維習慣也會跟著被改變。」因此我們用積極的心態去幫助孩子瞭解英語系國家的歷史地理、風土人情、傳統習俗、生活方式、文學藝術、行為規範、價值觀時，英文學習就不單是語言學習，而是整個文化體系的學習。它不僅有益於英文的理解和使用，反過來說，也能讓我們更加深刻理解自身的文化與認識。

未來，一定是走出去的時代：全球一體化、科技高度發展……都會讓孩子面臨著我們不曾見過的、更多更複雜的挑戰，培養孩子從小具有世界意識，成為國際化人才，擁有國際交流的能力，未來他們才會有更廣闊的天空。

family field
親子田　親子田系列 042

有一種崩潰叫，陪孩子寫作業

作　　者　王　莉
總 編 輯　何玉美
責任編輯　洪尚鈴
封面設計　楊雅屏
內頁排版　JGD

出版發行　采實文化事業股份有限公司
行銷企劃　陳佩宜・黃于庭・馮羿勳・蔡雨庭・陳豫萱
業務發行　張世明・林踏欣・林坤蓉・王貞玉・張惠屏
國際版權　王俐雯・林冠妤
印務採購　曾玉霞
會計行政　王雅蕙・李韶婉・簡佩鈺
法律顧問　第一國際法律事務所　余淑杏律師
電子信箱　acme@acmebook.com.tw
采實官網　www.acmebook.com.tw
采實臉書　www.facebook.com/acmebook01

I S B N　978-986-507-251-3
定　　價　350 元
初版一刷　2021 年 2 月
劃撥帳號　50148859
劃撥戶名　采實文化事業股份有限公司
104 臺北市中山區南京東路二段 95 號 9 樓
電話：(02)2511-9798　傳真：(02)2571-3298

國家圖書館出版品預行編目資料

有一種崩潰叫，陪孩子寫作業 / 王莉著 . -- 初版 . -- 臺北市 : 采實文化事業股份有限公司 , 2021.02；304 面 ; 14.8x21 公分 . -- (親子田系列 ; 42)
ISBN 978-986-507-251-3(平裝)

1. 親職教育 2. 育兒

528.2　　109020377

作品名稱：《你只是看上去在陪孩子寫作業》
作者：王莉
本書由廈門外圖凌零圖書策劃有限公司代理，經六人行（天津）文化傳媒有限公司授權，同意由采實文化事業股份有限公司，出版中文繁體字版本。非經書面同意，不得以任何形式任意改編、轉載。

采實出版集團
ACME PUBLISHING GROUP